Grundtvig
og slavesagen

Skrifter udgivet af
Grundtvig-Selskabet XXXV

Knud Eyvin Bugge

Grundtvig
og slavesagen

With a summary in English

AARHUS UNIVERSITETSFORLAG

Grundtvig og slavesagen

© K.E. Bugge og Aarhus Universitetsforlag 2003

Tilrettelægning/sats og omslag: Jørgen Sparre

Bogen er sat med Stempel Garamond

Trykt hos Narayana Press, Gylling

Omslagsfoto: Kitt Weiss

Omslagsillustration: Skydeskive for Johannes Heyliger 1782.

Det Kgl. Kjøbenhavnske Skydeselskab, Klampenborg.

En slave på de dansk vestindiske øer høster sukkerrør.

ISBN 87 7288 957 8

Aarhus Universitetsforlag

Langelandsgade 177

8200 Aarhus N

Telefon 89 42 53 70

www.unipress.dk

ACKNOWLEDGEMENTS

The author gratefully acknowledges the permission given
to use the following illustrations provided by:

Bodleyan Library, Oxford:

Image of MSS Brit.Emp. Anti-Slavery Papers C. 21/97.

Religious Society of Friends in Britain. Quakers.

Friends House Library, London. Picture collection:

Photos of George William Alexander and of Elizabeth Fry.

The Wedgwood Slave Medallion.

Image by courtesy of the *Wedgwood Museum Trust Limited,*
Barlaston, Staffordshire, England.

FORORD

Ved afslutningen af de her fremlagte studier skal fremføres en tak til de mange, der har støttet og muliggjort mit arbejde. Først skal nævnes de fonde, der beredvilligt har ydet økonomisk støtte til udgivelsen. Det drejer sig om N.F.S. Grundtvigs Fond, Landsdommer V. Gieses Legat samt Jens Nørregaard og Hal Kochs Mindefond.

En hjertelig tak går dernæst til de institutioner, der har leveret bogens billedmateriale. Af danske institutioner, der i denne henseende har udvist stor hjælpsomhed, og som har givet de nødvendige tilladelser til at reproducere illustrationerne, skal her nævnes Det Kongelige Bibliotek, Kort- og Billedafdelingen, Den fransk reformerte Kirke i København, Det kgl. Kjøbenhavnske Skydeselskab, Folketinget, Det Nationalhistoriske Museum på Frederiksborg og Thorvaldsens Museum. De engelske institutioner er efter ønske nævnt i kolofonen.

Også en række enkeltpersoner skal her nævnes. Venner og kolleger i Grundtvig-Selskabet har gennem mere end 50 år udgjort en inspirerende kreds af forskere, med hvem jeg altid kunne udveksle ideer. Professor, dr.theol. Jens Holger Schjørring har beredvilligt formidlet forbindelsen til Center for Grundtvig-Studier, Aarhus Universitet; han har således bidraget afgørende til, at udgivelsesprocessen blev sat i gang. Professor S.A.J. Bradley, University of York, har opmuntret og støttet mine studier i England. Professor Marie-

5

Alice Séférian har fremdraget oplysninger om l'Institut d'Afrique i Paris, og lic.theol. Rose-Marie Frost-Christensen har bidraget med billedmateriale og litteratur om Den fransk reformerte Kirke i København. Endelig har min kone, lektor Ilse Bugge, med uendelig tålmodighed fulgt og fremmet arbejdsprocessen fra først til sidst.

For al den hjælp, jeg har modtaget, skal jeg her udtrykke min oprigtige tak.

Vedbæk, januar 2003
K.E. Bugge

Tilegnet mine døtre

HENRIETTE
og
CHRISTINE

INDHOLD

11

INDLEDNING

I sidste halvdel af 1950'erne iværksattes med støtte fra Statens almindelige Videnskabsfond en omfattende registrering af N.F.S. Grundtvigs arkiv. Under arbejdet med registreringen af Grundtvigs breve stødte jeg uventet på en korrespondance mellem Grundtvig og *British and Foreign Anti-Slavery Society* i London. Dermed var lagt op til en nærmere undersøgelse af Grundtvigs engagement i sagen om slaveriets ophævelse. På grund af andre forpligtelser måtte denne opgave dog udsættes. Der skulle gå mere end fyrre år mellem opdagelsen af det nævnte materiale og den bearbejdelse, som hermed fremlægges.

Så vidt undersøgelsens anledning og formål. Hvad angår dens afgrænsning gælder, at opmærksomheden koncentreres om perioden 1839-1848. Fra tiden før og efter fremdrages kun det mest nødtørftige til at belyse baggrund og perspektivering. Men også vedrørende det omhandlede tidsrum har begrænsning været nødvendig. For den sagkyndige vil det være indlysende, at meget mere kunne være skrevet om debatten i samtiden, og mange flere Grundtvig-tekster, trykte såvel som utrykte, kunne være inddraget. Alder og kræfter sætter imidlertid visse grænser. Andre må derfor supplere det, der mangler.

Som ofte påpeget af min lærer i kirkehistorie, professor Hal Koch, er det vigtigt ved indgangen til et videnskabeligt arbejde at gøre nøje rede for "Die Lage der Forschung". Det hører med andre ord med til videnskabelig anstændighed, at man vedgår arv og gæld til de forskere, der tidligere har beskæftiget sig med emnet. Det gør jeg da også gerne. I dette tilfælde er det ikke mange, der kan være tale om, men dog nogle.

På forhånd kunne man forvente, at emnet var behandlet i den litteratur, der belyser Grundtvigs politiske tænkning og virksomhed eller i skrifter omhandlende Grundtvigs forhold til England. Det synes ikke at være tilfældet. Hverken Poul Andersen (1940), Erik Møller (1950), Poul Dam (1983), Vagn Wåhlin (1994) eller Tine Damsholt (1995), der hver for sig har ydet værdifulde bidrag til forståelsen af Grundtvigs politiske tænkning og indsats, har inddraget hans engagement i slavesagen. Ej heller er Grundtvigs forhold til British and Foreign Anti-Slavery Society taget op til behandling i udgivelser, der beskæftiger sig med Grundtvigs forhold til England. Det gælder eksempelvis J.P. Bang (1932), Jørgen Fabricius (1952) og Helge Grell i dennes to bøger fra henholdsvis 1992 og 1995.

Mens emnet således ikke synes at have påkaldt sig Grundtvigforskningens interesse, er hans engagement i slavesagen dog bemærket af en række historikere. I sit store værk om Stænderforsamlingernes historie nævner Hans Jensen et forslag vedrørende "Slave-Emancipationen" fremsat af C.N. David i 1844. Det oplyses, at forslaget foruden af David selv "var underskrevet af saadanne Mænd som N.F.S. Grundtvig, D.G. Monrad og J.F. Schouw" (bd. II, 1934, s. 609). Knap 50 år senere omtaler Ove Hornby (1980) Grundtvigs medlemskab af "Comitéen for Negerslavernes Frigivelse". Det sker i hans bog om *Kolonierne i Vestindien* (s. 252-254). Tilsvarende kort omtale finder man hos Sv. E. Green-Pedersen, dels i et værk fra 1981, dels i hans artikel om Peter v. Scholten i *Dansk Biografisk Leksikon*, bd. 13 (1983). En lidt udførligere omtale foreligger hos kirkehistorikeren Bjørn Kornerup i dennes afhandling om to kvækerbesøg i Danmark, trykt i årbogen *Kirkehistoriske Samlinger* 1951. Her oplyser Kornerup følgende:

Grundtvig var fra 1839 interesseret i Kampen for Negerslaveriets Ophævelse og stod paa dette Omraade i Samarbejde med det kvækersk prægede British and Foreign Anti-Slavery Society og med Pastor Raffard (Grundtvig-Arkivet Fasc. 448). (KhS 1951, s. 133, note 1)

Der bliver siden anledning til at bringe en udførligere præsentation både af pastor Raffard og af det engelske, "kvækersk prægede" selskab.

Den hidtil udførligste beskrivelse af "Comitéen for Negerslavernes Frigivelse" foreligger i femte kapitel af en utrykt magisterafhandling på Historisk Institut, Aarhus Universitet. Afhandlingen, der er skrevet af Grethe Bentzen, bærer årstallet 1976. Forfatterens interesse har været at redegøre for de politiske synspunkter, der kom til orde i den danske debat, især som denne debat udfoldede sig i Stænderforsamlingen og i pressen. Det engelske selskabs initiativ omtales, og der gøres rede for de synspunkter, der fremførtes af slavekomiteen. I denne sammenhæng er J.F. Schouw og C.N. David hovedfigurerne. Grundtvig, hvis navn nævnes en enkelt gang, er i denne kontekst kun en bifigur.

Set ud fra den interesse, der ligger til grund for nærværende undersøgelse, har Grethe Bentzens afhandling haft betydning især på to punkter: Den har givet en værdifuld indsigt i tidsbaggrunden, herunder også den forholdsvis korte periode, der omfatter årene 1839-48. Endvidere er fra J.F. Schouws arkiv fremdraget et omfattende materiale om slavekomiteens virke. Hvad dette materiale har at oplyse om Grundtvigs indsats har dog ligget uden for Grethe Bentzens interessefelt. Hans udtalelser om sagen i og uden for komiteen citeres derfor ikke.

Selv om der har været tale om en detalje i deres særlige sammenhænge, så har de nævnte historikere ikke desto mindre fundet det værd at bemærke, at Grundtvig har deltaget i komiteens arbejde.

Kornerups fortjeneste er, at han ikke alene har noteret sig Grundtvigs rolle i denne sammenhæng. Han har tillige præcist dateret Grundtvigs engagement til tiden fra og med 1839, og han har så tidligt som i 1951 gjort opmærksom på forbindelsen til det britiske selskab. Men også for Kornerup var emnet kun en detalje i en langt bredere sammenhæng. Han er derfor ikke gået videre ad dette spor.

Konkluderende kan fastslås, at selv om emnet har været strejfet af enkelte forskere, har omtalen deraf nødvendigvis været kortfattet, fordi det kun har haft perifer betydning i de pågældendes særlige sammenhænge. Også derfor er det velbegrundet, at emnet søges yderligere belyst, bl.a. ved inddragelse af materiale fra Grundtvigs og andres forfatterskaber og arkiver.

BAGGRUND

FREMSKRIDT – OG PAUSER

Fjerne horisonter

Det politiske initiativ, hvori Grundtvig bliver inddraget i slutningen af 1830'erne, udfolder sig på baggrund af internationale forhold og begivenheder. De vigtigste aktører på scenen er foruden de store, europæiske kolonimagter England, Frankrig, Spanien og Portugal også de nye "Fristater" i Nordamerika. Ude i hjørnerne ses nogle aktører, der nok var mindre af størrelse og magt, men derfor ikke uden politisk betydning. Det drejer sig om Holland, Danmark og Sverige.

Alle de nævnte havde økonomiske interesser på spil i det geografiske rum, der foruden "Fristaterne" og de vestindiske øer omfatter det nordøstlige Sydamerika. Såvel i Nordamerikas sydlige stater som i de kolonier, europæerne havde etableret i Caraibien, hentedes betydelige indkomster fra de lokale produktioner, der i meget høj grad beroede på tilstedeværelsen af billig arbejdskraft. Det vil i dette tilfælde sige: På slaveriet som institution og på import af slaver fra Afrika. Ved 1800-tallets begyndelse gjaldt dette også på de tre øer, som Danmark erhvervede i perioden 1672-1733.

Øernes særdeles lukrative produktion af rørsukker medførte, at den største af øerne, St. Croix, kunne karakteriseres som den smukkeste af juvelerne i den danske kongekrone (Green-Pedersen 1976, 215). Antallet af slaver på disse tre små øer anslås til omkring år 1800 at have været ca. 30.000.

Den første protest mod slaveriet synes at være rejst allerede i 1555 af portugiseren Ferao Oliveria (Walvin 2000 p. 7). En langt mere effektfuld protest rejstes dog af kvækerne i Nordamerika. Allerede bevægelsens stifter, George Fox, ytrede under et besøg på Barbados i 1671 utilfredshed med, at "vennerne" holdt slaver. Baggrunden for protesten var kvækernes menneskesyn, deres tro på "det indre lys", dvs. at der er "noget af Gud" i hvert menneske, altså også i slaven. I 1727 afskaffede kvækerne i Nordamerika al handel med slaver inden for deres eget samfund, og i 1774/75 stiftedes i Philadelphia det første såkaldte Abolitionistselskab, idet ordet "abolition" fra og med denne begivenhed fortrinsvis anvendtes om afskaffelse af slaveriet. Efterhånden opstod lignende selskaber i andre byer. I 1833 grundlægges en fælles Antislavery Society for hele Nordamerika. Efter borgerkrigen 1861-65 blev slaveriet officielt ophævet med ændring af unionsforfatningen i det såkaldte Amendment XIII af 1865.

England

Af mere direkte betydning for drøftelsen i Danmark var udviklingen i England. På baggrund af oplysningstidens humane ideer, begyndende protester i frikirkelige kredse og udfaldet af en skelsættende retssag gennemførtes i 1772 en lov, der forbød slaveri på engelsk jord.[1] Slaveriet i kolonierne fortsatte, men ikke uanfægtet. Politikerne Thomas Clarkson (1761-1846) og William Wilberforce (1759-1833) var hovedmændene i arbejdet for slaveriets afskaffelse og i stiftelsen af det første selskab til slavehandelens afskaffelse i 1787. Wilberforce efterfulgtes i Parlamentet af Thomas Buxton (1786-1845).

Under indtryk af denne bevægelse vedtog Underhuset i 1792 en lov om slaveriets afskaffelse, men Overhuset nægtede sit samtykke. Først i 1807 og 1808 lykkedes det at gennemføre love, der forbød henholdsvis slavetransport fra britiske havne og landsætning af sla-

TO THOMAS CLARKSON

ON THE FINAL PASSING OF THE BILL

FOR THE ABOLITION OF THE SLAVE TRADE,

MARCH 1807

CLARKSON! It was an obstinate hill to climb:
How toilsome – nay, how dire – it was by thee
Is known; by none, perhaps, so feelingly:
But thou, who starting in thy fervent prime,
Didst first lead forth that enterprise sublime,
Hast heard the constant Voice its chime repeat,
Which, out of thy young heart's oracular seat,
First roused thee. O, true yoke-fellow of Time,
Duty's intrepid liegeman, see the palm
Is won, and by all Nations shall be worn!
The bloodstained Writing is for ever torn;
And thou henceforth wilt have a good man's calm,
A great man's happiness; thy zeal shall find
Repose at length, firm friend of human kind!

William Wordsworth (1770-1850)
Poetical Works, vol. IV

ver i britiske kolonier. Abolitionisterne, hvis mål var et totalt ophør
af slaveriet, fortsatte dog deres bestræbelser med uformindsket styr-
ke og iderigdom. Bl.a. benyttede man sin politiske indflydelse til at
få frigivelseskravet fremført på Wienerkongressen i 1815 (Muir pp.
110-113, 398-400). I 1823 dannedes en ny Anti-Slavery Society, og
regeringen indledte en politik, der tilsigtede en forbedring af slaver-

nes kår. Abolitionisterne pressede imidlertid stadig på, og endelig lykkedes det i 1833 – en måned efter Wilberforces død – at få gennemført en lov, hvorved slaveri afskaffedes i de fleste engelske kolonier, dog f.eks. ikke i Indien og Ceylon. Endvidere vedtoges en overgangstid på 4-6 år, en såkaldt læretid, inden for hvilken slaverne gradvis skulle forberedes til at klare sig som frie mænd og kvinder. Endvidere vedtoges en økonomisk godtgørelse på i alt 20 millioner pund til slavernes hidtidige ejere, de såkaldte "planters".

Pr. 1. august 1838 havde i alt ca. 640.000 (nogle siger 800.000) slaver i britisk Vestindien opnået fuldstændig frihed. Dermed havde Anti-Slavery Society løst sin opgave og kunne derfor nedlægges. Imidlertid rejstes fra forskellig side kravet om at kampagnen for slaveriets ophævelse fortsattes, men nu med henblik på international aftale herom. For abolitionisterne var det moralske, humane aspekt afgørende. Efter deres begreber var slaveri en uacceptabel, uværdig og ukristelig ordning, hvor den end fandtes. Men nu lød kravet om slaveriets universelle afskaffelse også uden for abolitionisternes kreds. Begrundelsen var i dette tilfælde økonomisk, idet mange frygtede konkurrencen fra de ikke-britiske kolonier, hvor plantageejerne fortsat kunne gøre brug af slavernes billige arbejdskraft. Hvorom alting er, besluttedes det i foråret 1839 at grundlægge et nyt selskab under navnet *British and Foreign Anti-Slavery Society.* Som navnet antyder, havde denne nye sammenslutning til formål også at inddrage "foreigners" i arbejdet. I den sammenhæng rettedes søgelyset mod kontinentets kolonimagter, herunder Danmark.

Danmark

Herhjemme blev slavespørgsmålet rejst i de sidste årtier af 1700-tallet, altså i den frugtbare reformperiode, hvor bl.a. ophævelsen af stavnsbåndet gennemførtes. En ledende kraft i disse bestræbelser var

Medaljon udført 1787 i stentøj af den berømte keramiker Josiah Wedgwood (1730-95). Wedgwood var levende optaget af slavesagen og stod i personlig forbindelse med Wilberforce og Clarkson. Billede og tekst ("Am I not a man and a brother?") gengives på det emblem, som anvendtes på Anti-Slavery Society's brevpapir (se nedenfor s. 82). Medaljonen, der fremstilledes i flere størrelser, bl.a. som brocher og tobaksdåselåg, solgtes i tusindvis af eksemplarer. Den er derfor et eksempel på den idérigdom, der prægede den engelske kampagne imod slaveriet. Fotografisk gengivelse, Wedgwood Museum, Barlaston.

finansminister Ernst Schimmelmann, der selv ejede flere plantager i Vestindien. Hans engagement i sagen bundede ikke alene i økonomiske interesser, men var tillige inspireret af tidens humane strømninger. Dette dobbeltperspektiv kommer til orde både i den kommission, hvor man overvejede "Negerhandelens Afskaffelse" og i den betænkning, hvoraf fyldige uddrag tryktes i tidsskriftet *Minerva* (April 1792). Dertil kom en politisk overvejelse. Udviklingen i den engelske debat fulgtes nøje ud fra den realistiske betragtning, at dersom England ophævede slavehandelen, ville Danmark før eller siden blive tvunget til at følge med (jf. bl.a. Loftin kap. II-III). Ifølge selve forordningen af 16/3-1792 skulle fra og med januar 1803, dvs. efter en 10-årig overgangsperiode:

– Negerhandel være forbudt på Guineakysten, dvs. fra den danske koloni på Guldkysten i Vestafrika,
– Indførslen af nye slaver til dansk Vestindien ophøre, men
– Med henblik på at sikre den fornødne arbejdskraft til plantagernes fortsatte drift skulle importen af slaver – især af kvindelige sådanne – begunstiges ved told- og skattelettelser.

Det er klart, at der her ikke er tale om nogen ophævelse af slaveriet. I betænkningen (Minerva osv. s. 56) omtales slaveriets ophævelse som "en Forandring, der meget var værd at ønske, men uomgiængelig fordrede lang Forberedelse". Konklusionen må ifølge betænkningen være, at slaveriet "under de nuværende Omstændigheder ikke kan ophæves".

Efter overgangstidens udløb ansøgte plantageejerne om udsættelse af forordningens ikrafttræden. Sagen trak imidlertid i langdrag især på grund af hele den usikre situation, som Napoleonskrigene medførte. Kongerigets dystre vilkår efter statsbankerotten i 1813 og tabet af Norge i 1814 bevirkede, at man glemte alt om at reformere

"Negerhandelen" på de fjerne øer. I årene 1821 og 1824 besøgte kvæ-keren, skomager John Shillitoe, Danmark hvor han også i kongelige kredse blev venligt modtaget. Besøget havde imidlertid kun højst indirekte noget med kampagnen for slaveriets afskaffelse at gøre og synes heller ikke at have haft nogen effekt i den retning.

Først i tiden efter 1833, da de økonomiske omstændigheder var blevet forbedret, og England havde gennemført slavefrigørelsen, kom der i Danmark atter gang i den offentlige drøftelse af spørgs-målet. I Østifternes Stænderforsamlings første session i 1835/36 fremsatte grev A.F. Holstein et forslag om slaveriets afskaffelse, men han overtaltes hurtigt til at trække forslaget tilbage. Udviklingen i England havde imidlertid sat sagen på dagsordenen som et punkt, enhver oplyst og menneskevenlig regering måtte forholde sig til. I løbet af 1830'erne og første halvdel af 1840'erne gennemførtes der-for en række forbedringer af negerslavernes arbejdsforhold og ret-tigheder. Om frigivelse var der dog stadig ikke tale. Først i 1847, under kong Christian VIII, udsendtes et reskript om slavernes frigi-velse efter en 12-årig overgangsperiode, altså i 1859. Året efter over-haledes de forsigtige danske overvejelser af dramatiske begivenheder i selve Vestindien. Især på baggrund af uro blandt slaverne og der-med en akut fare for, at et regulært oprør på naboøerne skulle brede sig til de danske kolonier, besluttede generalguvernør Peter v. Scholten at ophæve slaveriet ved proklamation af 3. juli 1848. På baggrund af den uhyre afstand mellem øerne og moderlandet måtte generalguvernøren indhente godkendelse med tilbagevirkende kraft. En sådan godkendelse udstedtes i en proklamation dateret den 22. september 1848.

Slaveriets ophævelse var dermed officielt bekendtgjort af den danske regering. På grund af treårskrigen kunne erstatningsspørgs-målet dog først løses i 1853. I 1917 solgtes øerne til USA og kaldes i vore dage US Virgin Islands.

NOGLE DIGTERISKE TOLKNINGER

Til forståelse af Grundtvigs engagement i slavesagen er det ikke blot nødvendigt at kende den politiske baggrund, mao. de vigtigste love og reformer både her i Danmark og i de lande, hvor spørgsmålet debatteredes. Vigtigt er det også at kende de i Danmark almindeligt udbredte vurderinger og holdninger. Kender man ikke disse – i det mindste i store træk – bliver det svært at præcisere, på hvilke punkter Grundtvigs udtalelser afspejler tidens almindelige tankegang, og på hvilke han afviger herfra. Spørgsmålet bliver da, hvilke kilder, man skal vælge med henblik på at danne sig et nogenlunde pålideligt indtryk. Her melder sig behovet for at rette søgelyset imod tekster, der dels er forholdsvis kortfattede og præcist formuleret, og som dels skønnes at have en vis indflydelse på den offentlige meningsdannelse. I begge henseender melder tidens digtning sig som et oplagt område at interessere sig for. Foruden hensynet til opgavens overkommelighed kunne også andre grunde tale for et sådant valg.

Digtere har alle dage haft en særlig evne til at opfange og give udtryk for stemninger og strømninger i en given befolkning. Samtidig har digterne haft mulighed for – især hvis de var populære – at påvirke folkestemningen, samt har kunnet forstærke eller ændre givne opfattelser. Det gælder også, hvad angår de almindeligt udbredte opfattelser af slaveriet i dansk Vestindien i kong Frederik VIs tid. Også her er det netop digterne, man må ty til for at danne sig et nogenlunde adækvat indtryk af, hvilke vurderinger og forestillinger, der levede i befolkningen. Hvilke digtere, det i så henseende vil være hensigtsmæssigt at fremdrage, kan diskuteres. Dog vil næppe nogen finde det irrelevant, hvad tidens digterkonge, Adam Oehlenschläger, havde at sige. Af tidens mindre poeter, der nu for det meste er glemt, vil det være rigtigt at rette opmærksomheden mod de i datiden særdeles populære digtere C.H. Pram, Thomas Thaarup og J.C. Tode.

24

Om alle de her nævnte gælder endelig også det i nærværende sammenhæng ikke uvæsentlige, at Grundtvig har kendt dem og har forholdt sig til deres værker. De repræsenterede en digtergeneration, som Grundtvig livet igennem på afgørende punkter følte sig beslægtet med. Det er efter al sandsynlighed netop disse tre, Grundtvig har i tankerne, når han i et af sine skoleskrifter fra slutningen af 1830'erne henviser til "de folkelige Forstands-Digtere, der følde og vidste, at hos dem stod Folkenaturen og Modersmaalet levende op i det vingede Ord" (GSkV II, 123-124). Netop Pram, Thaarup og Tode var "Forstands-Digtere", fordi de var dybt rodfæstede i oplysningstidens tanker og holdninger. Og efter Grundtvigs opfattelse var det netop dem, der "følde og vidste", hvad der rørte sig i "Folkenaturen". Spørgsmålet bliver da, i hvilket omfang Grundtvig stemmer overens med disse med hensyn til synet på slaveriet i de danske kolonier.

J.C. Tode

Af de nævnte digtere er Johan Clemens Tode (1736-1806) formentlig den, der har haft mindst betydning for Grundtvig. Det er heller ikke givet, at han overhovedet har udtalt sig om slavefrigørelsen. Det nærmeste, man kommer, er en linie i en af hans selskabssange trykt i 1797. I en hyldest til kronprinsen, den senere Frederik VI, hedder det

> Bondens Frelser, lad din Englehaand
> Fleere Brødre frie, fra Brødres Baand![2]

Ganske vist er slaveriet ikke her udtrykkeligt nævnt. Det er dog sandsynligvis netop den institution, der er tale om. At befri "Brødre" fra "Brødres Baand" kan næppe betyde andet end at befri mennesker fra at være undertrykt og lagt i bånd af andre mennesker. Havde der været tale om bundethed i et fængsel, havde Tode næppe formuleret sig på denne måde. Endvidere var i 1797 forordningen fra 1792 endnu i frisk erindring. Hvis det er rigtigt, at Tode her har slavefrigørelsen i tankerne, er det bemærkelsesværdigt, at han er fuldstændig klar over, at Forordningen af 1792 ikke ophævede slaveriet som sådant – hvilket efterhånden blev en ikke ualmindelig, men forkert opfattelse. Tode har forstået, at der endnu var "fleere Brødre" at befri.

Den bondefrigørelse, der fandt sted med stavnsbåndets ophævelse i 1788, er i øvrigt et hyppigt tilbagevendende tema i Todes viser. F.eks. hedder det, at "Frederik talte for den danske Bonde, / Og det tunge rustne Aag faldt af ..." (ib. s. 67). Endvidere hedder det i en hyldest til kongen, Christian VII:

Af Stavnsbaandet Bonden han løser
Paa Frederik den Folkevens Bøn;
Og Landet Velsignelse øser
Paa ham og hans elskede Søn. (ib. s. 103)

For samtiden såvel som for Grundtvig var stavnsbåndets ophævelse den helt store begivenhed i den periode, Frederik VI sad ved roret. For samtiden som for Grundtvig var det dybt forunderligt, at en enevældig monark her havde gennemført en frigørende foranstaltning. Derved havde han vist sig som den sande "Folkeven", og folket gav ham til gengæld sin uforbeholdne kærlighed og velsignelse. Endelig bemærkes det ejendommelige udtryk "Bondens *Frelser*". Måske har digteren haft på fornemmelsen, at en sådan guddommeliggørelse af majestæten kunne være betænkelig. Han skynder sig derfor at tilføje "lad din Englehaand / Fleere Brødre frie ...". Så bliver Frederik VI budbringer og redskab for guddommen og ikke selv en gud. Hvorledes det end forholder sig, kan Grundtvig meget vel have bidt mærke i dette ejendommelige udtryk og opbevaret det i sin hukommelses rummelige arkiv. Er dette tilfældet, kunne det forklare, at Grundtvig i 1836, i slutningen af sit første højskoleskrift *Det Danske Fiir-Kløver*, fremkommer med den besynderlige betragtning, at hvad det danske folkeliv angår, så er dets lyse fremtidsudsigter åbnet af "dets Frelser med Torne-Kronen, som efter min Anskuelse er Kong Frederik den Sjettes rette Borgerlige Kiendings-Navn. Ved Hans Haand er nemlig den danske Bonde-Stand frelst fra sin lange, uforskyldte Trældom ..." (GSkV II, 54). Ligesom hos Tode er Frederik VI her set som "Bondens Frelser".

C.H. Pram

Christen Henriksen Pram (1756-1821) er en digter, der har haft langt større betydning for Grundtvig end Tode. Allerede i sine tidligste digteriske forsøg var Grundtvig påvirket af Prams stil, ordforråd og emnevalg, og en af hans allerførste bøger, *Nordens Mytologi* (1808), var "med sand Høiagtelse" dediceret til Pram. Siden samarbejdede de i et i 1815 oprettet selskab for udgivelse af nordiske oldskrifter. Bedst kendt af eftertiden er dog den omstændighed, at en af Grundtvigs hyppigst sungne og oftest citerede sange, *Langt høiere Bjerge*, er skrevet til den afskedsfest, der holdtes den 10. april 1820 i anledning af Prams afrejse fra Danmark. Tankevækkende i vor sammenhæng er den omstændighed, at Pram forlod Danmark for at overtage et embede som toldforvalter i Vestindien. Det kommer vi tilbage til.

Til belysning af Prams opfattelse af slaveriet kommer især to tekster ind i billedet: Skuespillet *Negeren* fra 1791 og hyldestdigtet til Bernstorff (u.å.). Teksterne refereres og citeres fra den udgave af Prams digte, der blev udgivet af K.L. Rahbek i 5 bind i årene fra 1824 og fremefter, dvs. efter Prams død.

27

Titlen på skuespillet fra 1791 er vildledende, for så vidt som det ikke handler om en "rigtig" neger, men om en maskeklædt person, der lader som om han er en sort slave. Ikke desto mindre udtrykkes her en række forskellige holdninger til slaveriet. Til at begynde med behandles slaveriet som et *komisk* emne, man ikke behøver at tage alvorligt. Den mandlige hovedperson kan på et givet tidspunkt bare tage den sorte maske af og sige "Jeg er ingen Neger", og så er det problem løst! En mandsperson giver derpå udtryk for nedladende *foragt*, idet han om "slaven" siger: "Det er et Dyr, som er værdt at see. Sort er han; men forresten skulde man antage ham for et Menneske. Han kan endog tale ..." (I, s. 267). En af kvinderne giver dernæst udtryk for *medynk:* "Du stakkels Slave! Ogsaa Du er formodentlig revet bort fra en kjær Families Favn, har udstaaet meget for at være Slave her" (ib. s. 281). Fjernelse fra familielivet fremhæves således som et væsentligt element i slavens ulykkelige tilstand. Netop det synspunkt blev senere fremhævet i abolitionisternes agitation. Endelig giver en brav madam udtryk for en behjertet *medmenneskelig* holdning: "Det var dog evig Skade, om han saadan skulde sælges som et andet Fæ ... Han var jo snart ligesaa fornuftig, som om det kunde være jeg eller et andet Menneske ..." (I, s. 318). Det er fristende at se en linie i progressionen fra latterliggørelse og foragt over medlidenhed til medmenneskelighed. I givet fald er dette en dygtigt tilrettelagt, indirekte form for folkeopdragelse! Iagttagelsen af disse forskellige holdninger, der kom til udtryk i efteråret 1791, altså mindre end et halvt år før Forordningen af 16. marts 1792, siger under alle omstændigheder en hel del om den kontekst, i hvilken forordningen blev til.

Prams digt *Bernstorffs Vise* bringer en varm hyldest til den gruppe af fremskridtsvenlige godsejere og statsembedsmænd og blandt disse først og fremmest A.P. Bernstorff, der i samarbejde med den unge kronprins havde gennemført de store landboreformer. Sam-

men med de efterhånden velkendte ord om bondens lænker, der
brast, fremføres her et mere prosaisk nyttesynspunkt:

Med Frihed voxte Velstand til,
Strax føltes Sagens Nytte. (IV, s. 4)

Nok så perspektivrig – også med henblik på studiet af Grundtvigs
tanker – er den frihedsopfattelse, som her kommer til orde. Nuom-
dage, hedder det, hører man mange "Om Aag og Frihed støie" (s. 7).
Allerede i ordet "støie" røbes en afstandtagen fra en tumultuarisk,
revolutionær frihed. Denne forudanelse bekræftes i det følgende:

Hvis Frihed skal bestaae deri,
Ei Pligt og Lov at lyde,
Da gid vi aldrig blive frie,
Og aldrig Aaget bryde.

Den Mand er fri, som stræbe kan
Til sin og Sines Lykke,
Og hævde Ret, trods Rang og Stand,
Mod hvo, ham vil nedtrykke.

Og som, naar han gjør Ret og Skjel,
Adspørger ingen Herre,
Den Mand er fri som Kongen selv,
Og saa bør hver Mand være. (s. 8)

Grundtvigs afstandtagen fra det han senere kalder et fransk friheds-
begreb, der sidestilles med "Soldater-Friheden i en stormet Stad", og
hans henvisning til et nordisk, der respekterer "billige Love" (SfL s.
320), er et tydeligt udtryk for, at hans tanker om frihed har dybe rød-
der i oplysningstiden, f.eks. også hos Pram.

I Prams rejsebreve fra Vestindien kan konstateres en forskydning med hensyn til hans holdning til slaveriet. Mens han i årene forinden gav udtryk for en ret nuanceret vurdering, møder man i rejsebrevene fra 1820-21 en ensidigt idylliserende beskrivelse af slavernes forhold, idet "Ingen eller faae her, bære Spor af Lidelser, Elendighed eller Nederdrægtighed og Kryberie".[3] Alt er såre godt på øerne. Digteren er blevet kongelig embedsmand.

Thomas Thaarup

Thomas Thaarup (1749-1821) var i datiden mest kendt for sine følsomme syngespilsidyller *Høst-Gildet* (1790) og *Peters Bryllup* (1793). Især sangene i *Høst-Gildet* vandt yndest og udbredtes ifølge Ingemann helt til Falster.[4] I nærværende sammenhæng er det dog især *Peters Bryllup*, der har interesse. Strofer og verslinier, der i stykket udtales af en tidligere slave ved navn Martin, blev senere hyppigt citeret til støtte for slaveriets ophævelse. I vore dage kan de citeres i kritiske eller latterliggørende beskrivelser af oplysningstidens naivt-sentimentale holdning til slaveriet. Således f.eks. hos Thorkild Hansen.

Thaarup er formentlig den af de her fremdragne digtere fra oplysningstiden, der har gjort dybest og varigst indtryk på Grundtvig. I 1818 omtaler han Thaarup som "Høst-Gildets herlige Sanger (hvis) hjertekjære Aand skabde Dannemarks historiske Idyl, hvis Mage neppe findes". Kort sagt, Thaarup er "det danske Hjertes Stemme" (US III, s. 633). I Mands Minde-foredragene fra 1838 bringes en udførlig præsentation af Thaarup i tilsvarende vendinger.[5] Endelig skriver han i 1849 et mindedigt om Thaarup (PS VII, s. 217). Selv om det således først og fremmest er *Høst-Gildet,* Grundtvig tænker på i forbindelse med Thaarup, så har han dog utvivlsomt kendt *Peters Bryllup.* Syngespillets ord og tanker indgår ganske enkelt i Grundtvigs almenkulturelle forudsætninger, som han i mere eller mindre reflekteret grad har delt med sin samtid.

Som ovenfor nævnt er det en nu frigiven slave, der optræder i syngespillet. Et halvt hundrede sider inde i stykket kommer han frem på scenen og fortæller sin ulykkelige historie om, hvorledes både han selv og hans forlovede blev taget til fange, fik hug og "blev handlet, / Og det af Folk, som fører Navn af Christne". Allerede her møder man to vigtige elementer i den moralske argumentation, der nogle årtier senere skulle blive afgørende i debatten om slaveriets ophævelse: At man *handlede* med mennesker, og at man kunne gøre noget sådant, selv om man havde "Navn af Christne" – og derfor efter tidens opfattelse var "Menneskevenner". Det er i denne sammenhæng, at den tidligere slave fremfører en sang, der omfatter tre strofer. I første strofe beklager han, at hans "Klagelyd" skal forstyrre glæden ved Peters bryllup. Strofen slutter: "O! beklag den sorte Mand, /Langt fra Møe og Fædreland!" Derpå følger de ofte citerede strofer:

Hvad har stakkels Neger gjort,
At den blanke Mand ham hader?
Er han ond for han er sort?
Er Gud ikke Alles Fader?
O! beklag den sorte Mand,
Han er Træl i fremmet Land.

Negres, Christnes, alles Gud
Vældig Blankes Hjerte røre,
At en Brudgom fra sin Brud
De ei meer til Trældom føre.
O! beklag mig sorte Mand,
Har ei Brud, ei Fædreland! (s. 57)

31

Argumentationen imod slaveriet styrkes her ved hjælp af gentagelser. To gange påpeges, at slaveriet sønderriver de naturlige familiebånd. Tre gange understreges grusomheden i at bortføre de pågældende fra deres fædreland. To gange tales om trældom – og det i en tid hvor frihed var på dagsordenen. Og to gange henvises til, at den gud, de kristne tilbeder, er en universel gud og derfor også de sortes beskytter.

Syngespillet indeholder imidlertid også andre linier, der som regel overses, men som ikke desto mindre egner sig til at belyse tidens tankegang. Den frigivne slave får den ide at sælge sig selv for at skaffe penge til at løskøbe sin forlovede, hvis opholdssted i mellemtiden er blevet opklaret. Til denne plan bemærker en af de tilstedeværende:

I Danmark er den onde Mand kun Slave[6]
Her sælges ingen Mand, min gode Martin!
End mere bør du vide, at vor Konge
Har indskrænket Slavehandel med de Sorte
Og eengang vil den Handel reent ophøre. (s. 58-59)

Martin lover, at han, når han en gang kommer hjem til sine landsmænd, vil huske dette. Når man samles til høsten, da

Skal jeg gjentage glad for mine Landsmænd,
At Danmarks Konge var den første Konge,
Som hævede den lede Slavehandel; (s. 59-60)

I disse linier taler Thaarup helt korrekt om begrænsning af slavehandelen, ikke om ophævelse af slaveriet som sådant. Endvidere bemærkes, at stoltheden over den danske konges historiske bedrift også omfatter stolthed over det langsigtede perspektiv: At "eengang vil den Handel reent ophøre". Stoltheden sammenfattes af den tidligere citerede hædersmand i ordene: "Gud være lovet, at han lod mig fødes / Og leve i en Tid saa skjøn som denne! " (s. 60). Grundlaget for denne begejstrede taknemmelighed har ikke været slavehandelens ophævelse alene. Den har tillige omfattet stavnsbåndets ophævelse, en begivenhed, der i begge syngespil hyppigt refereres til.

Adam Oehlenschläger

Som afrunding af disse udvalgte illustrationer af datidens tanker om slaver og slaveri skal bringes et enkelt citat fra digterkongen Adam Oehlenschläger. Teksten foreligger i et allegorisk digt skrevet i anledning af brylluppet mellem arveprins Christian Frederiks søn prins Frederik, den senere Frederik VII, og Frederik VIs datter prinsesse Vilhelmine i november 1828. I dette kvad lader digteren repræsentanter fra forskellige dele af riget frembringe deres lykønskninger. Blandt disse finder man også "En Neger", der fremsiger følgende:

En lille Grund kun Danerkongen eier
Paa Africas amerikanske Strand;
Dog vor Hengivenhed for ham opveier
Besiddelser af større Land.
Vi veed, han var den første Drot i Norden,
Som fri de sorte Brødre gav.
Vi elske ham, skiøndt halve Jorden
Os skiller fra ham ved uhyre Hav.
Sin Datters Bryllup her han holder,
Med Christians ædle Søn hun stander Brud.
Den stakkels Neger sine Hænder folder,
Og sender varmt for dem sin Bøn til Gud.[7]

Ganske vist er vendingen "stakkels Neger" sandsynligvis et uoriginalt lån fra Thaarup. Og ganske vist røber linien "som fri de sorte Brødre gav", at digteren tager fejl med hensyn til det ikke uvæsentlige: Hvad Forordningen af 1792 gik ud på. Ikke desto mindre har han på et bestemt punkt ramt centralt, nemlig med hensyn til den udbredte opfattelse: At de små vestindiske øer lå virkelig langt væk, adskilt fra Danmark af "halve Jorden" og "uhyre Hav". Netop en sådan oplevelse af enorm afstand kan tænkes at have været medvirkende til, at øerne og deres indvånere blev glemt, når mere nærliggende problemer meldte sig og krævede en løsning.

ACCEPT OG MODSIGELSE

EN BESYNDERLIG VENLIGHED

Det er umuligt med sikkerhed at fastslå, hvornår og hvorledes Grundtvig for første gang har hørt eller læst om slaveriet. Givet er det, at han i 1801 som ung student læste T.C. Bruuns kulturkritiske digt *Skriftemaalet*, der gjorde afgørende indtryk på ham (jf. Michelsen s. 190-195). Her opfordres bl.a. til medmenneskelighed over for alle uanset hudfarve. Endvidere understreges det forkastelige i at sælge mennesker som slaver og at nedslide dem som "Trældyr" (Poetiske Skrifter IV, 52).

Som allerede nævnt står det fast, at viden om slaveriet hørte med til Grundtvigs almenkulturelle forudsætninger. Som enhver anden belæst og veluddannet dansker har han naturligvis haft en elementær viden om de dansk vestindiske øer, herunder at disse bl.a. beboedes af sorte slaver. Endvidere kan fastslås, at slaveriet i de danske kolonier er omtalt i en af tidens mest udbredte læsebøger, nemlig Ove Mallings *Store og gode Handlinger af Danske, Norske og Holstenere* (1777). Som huslærer på Langeland i årene 1805-08 anvendte Grundtvig da også Mallings bog i sin undervisning. Det fremgår af den pædagogiske dagbog, han førte i de år, og hvor han dag for dag gjorde rede for sin undervisning af den unge Carl Steensen-Leth (GSkV I, s. 51, 84, 91).

Negerslaveriet omtales allerede i Mallings andet kapitel, der bringer en række eksempler på "Menneskekierlighed". Siden europæerne fik magten i Amerika og Afrika, hedder det, har disse landes indbyggere måttet bære et dybt nedtrykkende åg:

Man har vant sig til (dvs. vænnet sig til) at ansee Mennesker som Slaver, og Mennesker som umælende Dyr. Man har kiøbt dem og solgt dem, og overalt behandlet dem med en Haardhed, der giør de slebne Europæer liden Ære. (Malling s. 33)

Også danskere har taget del i disse "Voldsomheder", dvs. voldshandlinger. Dog kunne man rose sig af enkelte koloniembedsmænd, der havde tilstrækkelig "Sindsstyrke" til at gå imod de almindelige skikke og omgangsformer, og som kunne ynkes over slaverne. En sådan mand var Christen Cornelisen (eller Nielsen), der var ansat som overkøbmand på Guldkysten, dvs. i den danske koloni i Vestafrika, det nuværende Ghana. Om ham hedder det:

Denne brave Mand vidste at drive Handel og bruge Overmagt uden at fornærme Menneskeligheden. I al den Tid han opholdt sig der i Selskabets Tieneste, omgikkes han Negrene, baade dem som vare hans Slaver, og andre, med en besynderlig (dvs. ganske særlig) Venlighed; og viisde sig overalt meer som Ven og Fader, end som Kiøbmand og Herre. (ib. s. 34)

Negrene, der ikke var vant til en sådan behandling, elskede ham og sørgede dybt, da han efter seks års tjeneste atter skulle forlade kysten. Til sidst uddrages fortællingens moralske pointer:

Ingen Under da, at han i sin Tid kunde give Handelen paa Guinea Liv, og befæste Christiansborg (det vigtigste fort) der paa Kysten med Muure. Den ædelmodige Mand er altid søgt, og driver sit Verk ved villige Arbeidere, naar Menneskeplageren langsom fremtvinger sit ved modvillige Trælle. (ib. s. 34-35)

Pointen: At menneskekærlighed kan betale sig, genfindes i den derpå følgende lidt kortere fortælling om en senere guvernør, om hvem det hedder, at "Negrene elskede og ærede ham meer som en Gud end som et Menneske". Og til sidst fremhæves, at "Ogsaa i hans Tid blev Handelen dreven med stor Fordeel" (s. 35-36). I Mallings eksempler finder man således et tidstypisk udtryk for de tanker, der lå bag Forordningen af 1792. Meningen var ikke at ophæve slaveriet – i hvert fald ikke umiddelbart – men at give denne institution en "bedre Indretning", der kunne være til glæde for alle parter.

Der er således ingen tvivl om, at Grundtvig allerede på et tidligt tidspunkt har *kendt* til slaveriet også som en praksis, der eksisterede inden for rammerne af den danske stat. Når dette er fastslået, bliver det næste spørgsmål: Hvorledes har han da *forholdt* sig til slaveriet? Hvad har han *udtalt* derom? Da det er umuligt at eftergå hele det trykte og utrykte forfatterskab, må der foretages en udvælgelse af kilder, hvor man på forhånd kunne have en begrundet formodning om, at relevante udtalelser kunne findes. I så henseende melder sig følgende tekstgrupper:

(a) Grundtvigs *historieskrivning*. Fra perioden før 1839 vil dette sige de to verdenskrøniker fra 1812 og 1817, idet verdenskrøniken fra 1814 kun omfatter tiden fra skabelsen til og med profeten Daniel. Af hans store Haandbog i Verdens-Historien er det imidlertid kun bd. III, der beskriver "Nyaarstiden", og som derfor kan tænkes at indeholde udtalelser om slaveriet fra og med kolonitiden, dvs. tiden efter Columbus. Bd. III begynder imidlertid først at udkomme i 1843 og falder derfor uden for den periode, som søgelyset her skal rettes imod: Tiden frem til og med 1838.

(b) Den næste tekstgruppe at undersøge må være *digte* til og om kong *Frederik VI*, hvoraf Grundtvig inden for den nævnte tidsramme har skrevet mindst 15. I sådanne digte kan man forvente at finde omtale af majestætens indsats, ikke blot hvad angår bondefrigørelsen, men måske også et par ord om, at kronprinsen løste slavens lænke. Derudover kan anden omtale af kong Frederik være indføjet i tekster, der i øvrigt mestendels handler om noget helt andet. Vi får se.

(c) I løbet af 1820'erne fik Grundtvig kendskab til den engelske liberalisme, og det vides, at han har læst i hvert fald nogle af bindene af bevægelsens kendte tidsskrift *Westminster Review*.[8] Fra og med begyndelsen af 1830'erne fremtræder Grundtvig derpå som ivrig talsmand for frihed i kirke og samfund. Det vil derfor være nærliggende at undersøge nogle af de sammenhænge, hvor han taler *om frihed i almindelighed*. Er der her også spor af stillingtagen til slaveriet?

(d) Fra og med 1838 indledes en ny fase i Grundtvigs liv, hvor han begynder at meddele sig i form af *offentlige foredrag*. Bedst kendt i denne henseende er hans berømte Mands Minde-foredrag på Borchs Kollegium i 1838. Også i nærværende sammenhæng er disse foredrag interessante. Ikke blot ligger de lige på ydergrænsen af den her behandlede periode, tiden frem til og med 1838; de indeholder en ret udførlig omtale af og stillingtagen til spørgsmålet om slaveriets ophævelse.

Når søgelyset rettes mod disse tekstgrupper, bliver det hurtigt klart, at Grundtvigs udtalelser om slaveriet har to forskellige og dog forbundne formål: Dels at udtrykke en taknemmelig *stolthed* over kongens indsats, dels at give luft for en dyb *moralsk forargelse* over slaveriet som fænomen. Vi kan herefter vende os mod selve teksterne.

NUTIDENS FREDEGOD

I et af datidens indflydelsesrige tidsskrifter betegnes "Negerhande-lens Indskrænkning" og "Stavnsbaandets Ophævelse" som "de vig-tigste Samtidsbegivenheder".[9] At det også for Grundtvig var helt selvfølgeligt at sammenkæde disse kongelige initiativer fremgår af en kort ytring i hans Verdenskrønike fra 1812. I en beskrivelse af Danmarks situation umiddelbart efter den franske revolution finder Grundtvig det bemærkelsesværdigt, at ikke blot havde menigmand bevaret tilliden til kongehuset, men "just nu lød Takkesangen til en elsket Kronprinds, som havde udløst Bonden af sin Trældom og stræbde at bryde Negerens Lænke" (US II, s. 276). En del år senere, i to digte fra begyndelsen af 1830'erne, knytter Grundtvig disse to begivenheder, stavnsbåndets ophævelse og forordningen af 1792, sammen med et Fredegod-motiv.

Om sagnkongen Frode med tilnavnet Fredegod beretter Saxo, at der i hans regeringstid herskede fred, velstand og tryghed i Dan-marks rige, og at kongen desårsag var højt elsket af det danske folk. Da ordet "fred" indgår i navnet Frederik, og da Frederik VI vitter-ligt var en folkekær konge, var det for Grundtvig nærliggende at opfatte Frederik VI som en ny Fredegod, hvis ry især grundedes på fredens bedrifter.

Det første af de to digte tryktes i midten af januar 1833 utvivl-somt i anledning af kongens fødselsdag den 28/1. I digtets overra-skende titel: "Den udødelige Danne-Konge", var endnu et element hentet fra overleveringen om kong Fredegod. Det hedder hos Saxo, at da denne konge døde, frygtede man, at fjender ville gribe lejlighe-den til at få magt over riget. Man besluttede derfor at bære hans balsamerede lig rundt i landet for at udbrede det rygte, at kongen stadig var i live. I digtet fra 1833 anvendes dette motiv på den måde, at Grundtvig fastslår, at det er en folkelig overbevisning, "At Kongen, vor Fader, han aldrig dør". Ifølge digtet skal denne folketro i den aktuelle situation tolkes således, at kong Fredegod lever videre i den danske kongerække, uanset at de enkelte konger er gået/går i graven. Og at rigets kongelige fader frit kan gøre alt det gode, han vil, det gælder ifølge digtet også Frederik VI:

Det fik man at finde fuld mangen Gang,
Og fyndigst, jeg mener, forleden,
Da Stabelen dansed, og Bøjlen sprang,
I Skoven saa vel som paa Heden;
Ja, fri er til Lykke den Kongehaand,
Som løste de *sortes* de *hvides* Baand,
Og slog kun for Retten og Freden.

I den næstfølgende strofe finder man en nærmere refleksion over disse skelsættende begivenheder:

Det føler den frieste Faderhaand:
Med Lempe det bedste kun lykkes,
Og løses med ét kan hvert Tyngselsbaand,
Saa lidet som Rom kunde bygges;
Thi det er vor Trøst paa de danske Ø'r,
At Kongen, vor Fader, han aldrig dør,
Og mager det bedst, som han tykkes.[10]

Disse strofer kan forstås som replikker ind i en begyndende dansk debat om slaveriets fuldstændige ophævelse, en debat som netop i 1833 var på sit højdepunkt i England, og som i september i dette år kronedes med held. Grundtvig, der på baggrund af sine tre rejser til England i årene 1829-31 fulgte ivrigt med i, hvad der skete i England, var naturligvis velorienteret om denne debat. Grundtvigs ord må i den sammenhæng forstås som en advarsel imod at forhaste sig. Man kan roligt lægge sagen i kongens hånd.

I det følgende år frembød der sig atter en anledning til at hylde Frederik VI, idet man i 1834 kunne fejre majestætens 50-års regeringsjubilæum. Adskillige digtere greb harpen, og heller ikke Grundtvig holdt sig tilbage, men offentliggjorde under titlen *Gylden-Aaret* et langt digt på i alt 74 strofer. Både i indledningen og slutningen, samt i midten af digtet hentydes til Fredegod-sagnet, hvorved en tilknytning etableres til digtet fra 1833. Men også hvad angår hentydninger til de to store frigørende begivenheder af henholdsvis 1788 og 1792 er der berøring mellem de to digte. Omtalen af begivenhederne er dog i 1834 kun indirekte:

Mens selvgjort Lyn og Torden   Det genlød vidt paa Jorden:
I Raadhus og paa Val   "Han løser alle Baand",
Bortskræmmed Fred fra Jorden,   Den ædle Prinds i Norden,
Udbredte Død og Kval;   Ham driver Friheds Aand:
Kun gjenlød Danmarks Vange   Han binder kun fra oven
Af høje Frydesange   Urettens Haand med Loven,
Til Freds og *Fredriks* Pris.   Sit Folk med Kjærlighed.
                                                                 (PS VI, s. 6)

Den indledende beskrivelse af, hvorledes man i Danmark – selv på baggrund af den franske Revolutions "Lyn og Torden" – kunne synge kronprinsens pris, er helt på linie med den ovenfor citerede bemærkning fra Verdenskrøniken 1812. Når det i den følgende strofe fremhæves, at kronprinsen løste *"alle* Baand", vil det næppe være helt af vejen at slutte, at digteren har villet understrege, at majestæten ikke blot løste bondens stavnsbånd, men også slavens lænke.

Den vigtigste tilknytning mellem digtene fra 1833 og 1834 er dog sandsynligvis 1834-digtets tanker om "Friheds Lov". I 1833 under-

41

stregedes, at det er en illusion at tro, at alle bånd kan løses på én gang. Man må med andre ord lære at affinde sig med de givne "Tyngsels-baand", indtil vor faderlige konge får maget det så, at båndene brydes. I digtet fra 1834 videreudvikles disse tanker: Med apostelens ord er kærligheden at forstå som et "Fuldkommenhedens *Baand*" (Kol. 3,14). Men det er et bånd af en særlig art. Det er en "Kæde af Kjærminder". Og om denne kæde gælder, at "Jo stærkere den binder, / Des friere den gjør" (ib. s. 10). Tilsvarende gælder det i samfundet, at frihed og bundethed ikke er uforenelige modsætninger, men faktisk betinger hinanden. I det kommende "Gylden-Aar", dvs. i den idealtilstand, som med Frederik VI allerede er indvarslet, vil der ud over landet brede sig et lys, der

Om Liv og Sandhed freder,
Forklarer Friheds Lov,
Som Idræt, Ord og Tanker
Kun holder saa i Skranker,
At Frihed kan bestaa. (ib. 12-13)

Grundtvig havde dermed formuleret et nyt og smukt argument for at bevare givne "Skranker". Sandsynligvis har han også dermed fundet et argument for ikke at lade sig rive med af de krav om slavefrigørelse, der på dette tidspunkt begyndte at lyde også i Danmark.

Den sidste kombinerede hentydning til stavnsbåndets ophævelse og Forordningen af 1792 findes i Grundtvigs hyldestdigt til kongen i anledning af dennes 70-års fødselsdag den 28/1-1838. I digtets femte strofe udtrykker Grundtvig det ønske, at majestæten måtte opleve at blive 90. Skulle man synes, at den gamle digter nu har svunget sig for højt op, så har det dog sin særlige grund:

Tænker du, den gamle Fugl
Her for højt sig svinger,
For den tredje Dag i Jul
Løste blev hans Vinger,
Løste af den Kongehaand,
Som vil løse alle Baand,
Hjærtet ej velsigner!
(PS VI, s. 171-172)

Nej, den gamle digter kan ikke svinge sig *for* højt. Den konge, der vil løse alle umenneskelige bånd, som "Hjærtet ej velsigner", han har også løst *hans* personlige bånd. Få dage efter Jul 1837 havde kongen fritaget Grundtvig for den censur, han var blevet idømt i 1826. På den baggrund kan han nu gentage den linie i digtet *Gylden-Aaret*, hvor han havde hyldet kongen for at løse alle bånd. Nu havde de ord fået en ganske personlig betydning. Det er, som om han først nu virkelig forstår de store frigørende begivenheder i slutningen af 1700-tallet. I så fald er strofen en af de mange illustrationer af, at Grundtvig oplevede det store via det små, at – som formuleret af Ejnar Thomsen – "det store kunde han kun opleve via sin egen lille private virkelighed".[11]

GRUSOM GERRIGHED

En anden gruppe af tekster giver, som nævnt, udtryk for moralsk forargelse. Nærmere bestemt retter forargelsen sig mod den dybt ukristelige sammensmeltning af grusomhed og gerrighed, der bredte sig i Europa, herunder også til Danmark, i århundrederne efter Amerikas opdagelse. Det er i denne sammenhæng, at teksterne giver udtryk for moralsk forargelse over slaveriet. Det tidligste eksempel er sandsynligvis at finde i Verdenskrøniken af 1812, hvor det bl.a.

diskuteres, om Amerikas opdagelse "var nyttig eller skadelig". Den grusomme gerrighed, der her udviklede sig, er kun at komme til rette med i enfoldig tillid til det guddommelige forsyn:

Selv den Gang, da Man af Europæere kun saae gerrige Bødler og udartede Skrællinger i Amerika, og i Europa fra dette Land (dvs. Amerika) kun det forførende Guld og de slappende Overdaadsvarer, som opelskedes af de Negere, man paa Afrikas Kyst havde stjaalet og købt, selv da maatte en Kristen trøstes ved den Vished ... at ogsaa her engang, som overalt hvor Jesus kommer, vilde blive Dag. (US II, s. 317)

Men hvorledes dette skulle ske, det vil forblive skjult, indtil Gud selv vælger at åbenbare det for menneskenes øjne. Slavehandelen nævnes her kun i en bisætning, og slaveriets forekomst på de dansk vestindiske øer er tilsyneladende ikke med i overvejelsen. Det er til gengæld tilfældet i indledningsdigtet til et lille skrift *Til Fædrenelandet om dets Tarv og Fare* (1813). Det udvikles, hvorledes man på reformationstiden ved Luthers indsats fandt den sande tro, "det ægte Guld". Omtrent samtidigt opdagede man i Peru "det gule Muld". Af guldbjerget udsprang en kilde med "Dødens Vand". Alle, der drak deraf, glemte troen og blev besat af en uudslukkelig tørst:

I Vesten gik omkring det Tryllebæger
Og vakte Tørsten efter Mandeblod,
For Gyldenmund Man kiøbte arme Neger,
Man planted Røret med den søde Rod,
Man lukked Øret for de hule Sukke,
Den maatte hidse, den ei kunde slukke,
Den Honningduft, thi det var Negerblod.

44

Ei længe kan Man Tryllebægret tømme,
Før Sener slappes, Øiet lukkes i,
Man skifte maa imellem Rus og Drømme;
Thi blev man ædru, Lysten gik forbi.
(US II, s. 705)

I overensstemmelse med Grundtvigs livs- og menneskesyn i denne
hans "bibelkristne" periode ses slaveriet her at være forårsaget af
manglen på sand kristen tro. Særlig interessant i nærværende sam-
menhæng er, at den moralske kritik her udtrykkeligt retter sig mod
slaveriet på de vestindiske øer, hvor afrikanske slaver udnyttedes i
sukkerproduktionen.

Endvidere nævnes slavernes lidelser uden omsvøb ikke blot under
anvendelse af det traditionelle udtryk "arme Neger", men tillige med
ord som "Blod" (to gange) og "de hule Sukke". Endelig bør man ik-
ke overse fremhævelsen af, at man "*kiøbte* " slaver. I denne bemærk-
ning ligger både her og i udsagnet fra Verdenskrøniken 1812, kimen
til den mere dybtgående protest, der siden hen skulle udfolde sig.

Fire år senere udsendte Grundtvig sin tredje Verdenskrønike
(1817). Her gentages protesten mod slaveriet i næsten tilsvarende
vendinger, men dog ikke uden en vis skærpelse i formuleringen.
Sammenhængen er atter her Amerikas opdagelse, hvis virkning for
Europa har været katastrofal:

Thi naar man seer Spaniers og Portugisers grusomme Rovgjerrighed, seer
Slave-Handelen, denne Skjændsel for Folkefærd, som kalde sig Christne, seer
Grubernes Udbytte, Handelens og Overdaadighedens Frugter, da synes det,
som om America kun opdagedes til Ødelæggelse for Europas vanartede
Folkefærd, til et Værksted, hvor de i mageløs Forblindelse skulde, med him-
melraabende Synder tvinge Slaver til at berede sig honningsød men dødelig
Forgift. (s. 560)

45

On the 1st January, 1830, was Published,

PRICE ONE PENNY,

CONTAINING 8 PAGES. STEREOTYPE.

George Cruikshank del.

"WE STILL PAY A POLL-TAX TO SUPPORT THE FLOGGING OF WOMEN IN JAMAICA."

THE ARTICLE ON

SLAVERY IN THE WEST INDIES;

FROM THE WESTMINSTER REVIEW, No. XXII;

WITH THE

𝔓𝔬𝔰𝔱𝔰𝔠𝔯𝔦𝔭𝔱

FROM THE WESTMINSTER REVIEW, No. XXIII.

Tidsskriftet Westminster Review, *som Grundtvig jævnligt fordybede sig i, bragte i april 1830 denne annonce for en pjece om slavernes umenneskelige kår.*

Protesten mod kombinationen af grusomhed og gerrighed genkendes fra de tidligere tekster. Ligeledes genfindes kritikken af europæernes begær efter luksusvarer, i Verdenskrøniken 1812 kaldt "Overdaadighedsvarer"; i digtet fra 1813 kaldes køberen af disse varer for en "Gyldenmund". Kritikken af slaveriet er på to punkter blevet skærpet. Dels stemples *slavehandelen* som en "Skjændsel", der er uværdig for kristne. Dels karakteriseres selve slaveriet – både at man ville "*tvinge* Slaver" og de midler, man anvendte – som "himmelraabende Synder". Bag dette udtryk ligger den bibelske fortælling om Kain og Abel i 1. Mosebog kap. 4. Da Kain har slået Abel ihjel, taler Gud til ham og siger: "Din broders blod råber til mig fra jorden". Med anvendelsen af dette udtryk har Grundtvig altså villet understrege, at slaveriets tvang er gennemført ved hjælp af vold, mord og blod. Udtrykkene "Mandeblod" og "Negerblod" i digtet fra 1813 har dermed fået en bibelsk perspektivering.

Den sidste af de tekster, der i denne omgang skal fremdrages, er et afsnit af Grundtvigs store afhandling *Om Religions-Frihed* fra 1827. Er der nogen stat, hedder det, hvor man ikke har grund til at opgive håbet om religionsfrihed,

da er det efter min Overbeviisning, i den Danske, hvor saavel Bondens som Negerens Kaar høirøstet bevidner, at Regieringen havde Hjerte til, trods deres Skrig, der kun tænkde paa deres egen kjære Person, trods mange Ulykkes-Prophetier af Folk, der ei meende det ilde, men saae kun slet, og, trods Politiken i andre Stater, Hjerte til, trods alt dette, at lade sande Menneske-Rettigheder træde i Kraft! Erfaringen har allerede lært, at hvad her var et Værk af Menneske-Kjærlighed, kunde ei været klogere udtænkt af den fineste Stats-Konst. (US V, s. 72)

Stavnsbåndets ophævelse og Forordningen af 1792 ses her som udtryk for, at den danske regering havde hjerte til, af "Menneske-

Kjærlighed", at lade sande menneskerettigheder træde i kraft. Sand menneskeret er ikke den tøjlesløse frihed, som pøbelen tilranede sig under den franske revolution. Sand menneskeret er, som han senere udtrykker sig, at leve under "Friheds Lov" dvs. under de skranker, som defineres af lov og ret. I tekstens sammenhæng er de historiske begivenheder, der henvises til, kun parentetisk anført. Hele afhandlingen har til syvende og sidst til formål at slå et slag for den kirkelige frihed, der op igennem 1830'erne var hans politiske hovedanliggende. I forhold til dette store og vigtige anliggende placeres allerede i den her citerede afhandling fra 1827 religionsfriheden som langt mere nødvendig og langt mere indlysende end den "Stats-Konst", der i sin tid gennemførte ophævelsen af stavnsbåndet og Forordningen af 1792. Uanset Grundtvigs egen vurdering, så er ikke desto mindre denne kortfattede omtale i 1827 vigtig, fordi en protest mod slaveriet her sættes i forbindelse med en tale om "Menneske-Rettigheder". Det er et tema, vi senere skal vende tilbage til.

EN SMUK KÆPHEST

I sine Mands Minde-forelæsninger (1838) får Grundtvig flere gange anledning til at definere, hvad han forstår ved frihed (f.eks. s. 5, 79f, 188 og 388f). Det pointeres, at for ham er samvittighedsfrihed langt vigtigere end den legemlige frihed. Ikke desto mindre kommer han ind på spørgsmålet om slaveriet og dets legemlige ufrihed i to forskellige sammenhænge.[12] Første gang er en bemærkning i den 37. forelæsning, der holdtes den 24/10. Her omtales Wiener-kongressen (1814-15) bl.a. som

et stort Marked, hvor man vel talte meget følsomt om Menneskehandelens Afskaffelse i Afrika, men handlede aabenlyst med Sjæle i Evropa, græd over sorte, men havde ikke mindste Medlidenhed med de hvide. (s. 362)

48

De hvide slaver, Grundtvig her hentyder til, er grækerne, der den gang, i 1814-15, stadig var underkastet tyrkisk herredømme. Anden gang, emnet tages op, er den 41. forelæsning, holdt d. 2/11-1838, og hvor Grundtvig indleder med en udførlig omtale af slaveriet. Som vi har set flere gange tidligere, kommer han ind på emnet i et afsnit om Amerikas historie. I den sammenhæng vil han gerne kommentere udviklingen i republikken Haiti, et emne der efter hans opfattelse "hænger nøje sammen med det store Spørgsmaal om Negerfriheden og Slavehandelens Afskaffelse" (MM s. 396). I 1697 var den vestlige tredjedel af den karibiske ø Hispaniola, der i 1492 opdagedes af Columbus, af spanierne blevet overdraget til Frankrig. Da National-konventet afskaffede den ligestilling, der var indført efter den franske revolution, udbrød et oprør, hvorved franskmændene efter en kortvarig generobring af kolonien blev endegyldigt fordrevet i 1804 og en selvstændig republik udråbt. I den vestlige verden fulgte man med levende interesse, hvorledes denne nye stat styret af forhenværende slaver klarede sig. Med slet dulgt skadefryd konstaterede man, at de følgende år prægedes af talrige indre uroligheder og omvæltninger. På denne baggrund er der god mening i, at Grundtvig ønskede at behandle slavespørgsmålet under omtalen af Amerikas nyere historie. Spørgsmålet om "Negerfriheden og Slavehandelens Afskaffelse" betegner Grundtvig som "en af Europas smukkeste Kjæpheste". Han billiger på ingen måde handel med mennesker, og han under så vist gerne negeren sin frihed. Han har dog en række forbehold.

Den første af Grundtvigs kritiske bemærkninger til tidens bestræbelser for at afskaffe slaveriet går ud på, at det er forkert at interessere sig for fjerne folks frihed eller ufrihed, så længe man ikke udviser en tilsvarende omsorg for at imødegå trældom og usselhed her i Europa:

Hvorledes skulde jeg have en eneste Taare til overs at blande enten med Wilber-forces eller nogen af alle Græderne for de sorte Brødre, alle Menneskelighedens veltalende Advokater, med Falkesyn for Tilstanden i Afrika og Vestindien, men stokblinde i deres nærmeste Synskreds! (ib. s. 397)

Denne også siden hen ikke ukendte holdning er for Grundtvigs ved-kommende inspireret dels af tilsvarende ytringer i den danske debat, dels af et engelsk ordsprog, han havde tilegnet sig: "Charity begins at home!", dvs. at kravet om medmenneskelighed først og fremmest må tilgodeses i den nærmeste kreds.

Grundtvigs andet argument tager udgangspunkt i den omstæn-dighed, at den engelske regering havde bevilget en efter dansk måle-stok uhyre stor sum penge til erstatning af slaveejernes økonomiske tab. Han finder det helt forkert, at dette beløb skal udredes af de engelske skatteborgere og altså hverken af kongens eller de riges ind-tægter, men af dem der knap nok har råd til det daglige brød. Også i den danske debat spillede spørgsmålet om erstatning en væsentlig rolle.

Hans tredje argument er en henvisning til grækernes friheds-kamp mod tyrkerne 1821-29. Hvorfor, spørger han, har man ikke for længst gjort en indsats for at befri grækerne fra de lænker, der "med raa Styrke og djævelsk Træskhed bestandig smededes fastere". Nej, her må man sige, at "man over sine Kjæpheste glemte Hoved-sagen, afsiede Myggen og nedslugte Kamelen" (s. 398, jf. Matt. 23,24). Dette tredje argument er en eksemplificerende variant af det første. Dets personlige baggrund er for Grundtvigs vedkommende en nyvågnet interesse for græsk sprog og kultur inspireret af en af hans venners beretning om en rejse i Grækenland i begyndelsen af 1831.[13]

Den foreløbige konklusion, Grundtvig drager af disse overvejel-ser er, at man roligt kunne have overladt "Neger-Sagen" til sig selv.

Ved at iagttage udviklingen i Haiti kunne man jo se, om negrene "forstaar at bruge deres Frihed" (ib. s. 398). Man må nu se, om de "indbyrdes ødelægger sig selv" (s. 399). Gør de det, må man skynde sig at eksportere de negerslaver, man stadig har. Ellers vil Haitis eksempel brede sig til de andre øer og medføre "alle hvides Undergang i Vestindien" (ib.).

Så sent som i november 1838 havde Grundtvig således bidt sig godt fast i en afvisning af kravet om slaveriets ophævelse. Udviklingen i England havde givet anledning til, at kravet om slaveriets afskaffelse i de danske kolonier rejstes på ny her i Danmark. I 1835 havde, som nævnt, grev F.A. Holstein rejst sagen i Stænderforsamlingen i Roskilde. Grundtvig har følt sig presset til at tage stilling til spørgsmålet. Og det har irriteret ham. Hans reaktioner var i udpræget grad karakteriseret af, at han af naturen var "counter-suggestible". Det vil sige, at jo mere man over for ham anbefalede et bestemt synspunkt, des mere reagerede han imod det. Imidlertid besad Grundtvig desuden en forbløffende evne til selvrevision. Det gælder også hans syn på "Neger-Sagen". Mindre end et år senere havde han skiftet standpunkt.

SLAVER OG KVÆKERE

UVANT ANERKENDELSE

En redegørelse for Grundtvigs virke i året 1839 tager naturligt udgangspunkt i de vigtigste begivenheder i hans personlige livshistorie. Året begyndte med en skuffelse. Den 10. januar modtog Grundtvig afslag på en ansøgning om tilladelse til at konfirmere sine to sønner. Grundtvig havde siden 1826 været uden præsteembede. Han havde fortsat lov til at prædike, men ingen ret hverken til at forvalte sakramenterne eller til at udføre kirkelige handlinger. Den ældste søn, Johan, der var født den 14/4-1822, nærmede sig de 17 år og havde således for længst passeret den normale konfirmationsalder. Svend, der var født den 9/9-1824, havde en mere passende alder. Noget måtte gøres. I marts samme år indsendte Grundtvig derfor en ny ansøgning, denne gang om embedet som præst ved Vartov Kirke (Breve II, s. 300-301). Afgørelsen faldt i slutningen af maj, og den 9. juni blev han indsat i embedet. Sønnerne konfirmeredes den 6. oktober. Ifølge traditionen var det i den anledning, at Grundtvig skrev digtet *Aabent Brev til mine Børn*, hvoraf man siden uddrog en af hans mest yndede sange, *Et jævnt og muntert, virksomt Liv paa Jord*.

I Grundtvigs livshistorie spiller dernæst hans udgivelser en væsentlig rolle. I 1839 udgav han ikke meget, men dog noget. I april kom første hæfte af Sang-Værkets andet bind. Det næste salmehæfte kom mange år senere. En række digte og artikler offentliggjordes i tidsskriftet *Brage og Idun*, der blev udgivet af Grundtvigs unge tilhænger, Frederik Barfod, fra februar 1839 og fremefter. Vigtig er her

Herregården Nysø ved Præstø malet af Heinrich Buntzen 1843. Thorvaldsen
ses stående foran sit atelier. Fotograf: Jonals, Thorvaldsens Museum.

især Grundtvigs store afhandling i tidsskriftets første hæfte, *Om Nordens videnskabelige Forening*, som regnes blandt hans mest betydningsfulde skoleskrifter. I sine tidsskriftartikler beskæftigede han sig i øvrigt især med teologiske og kirkelige emner. Det gælder også årets eneste egentlige bog, hans fulminante *Frisprog* mod biskop Mynsters forslag til ny alterbog.

Retter man dernæst blikket mod Grundtvigs miljø, hans venner og omgangskreds, må først nævnes den stadig tættere forbindelse, der knyttes mellem ham og arveprinsen, den senere konge *Christian VIII* og dennes hustru, prinsesse *Caroline Amalie*. Prinsen havde været den første til i december 1837 at lykønske Grundtvig med fritagelse fra censuren og havde siden vist betydelig interesse for

Baron Henrik Stampe (1794-1876), og baronesse Christine Stampe f. Dalgas
(1797-1868) begge tegnet af Constantin Hansen antagelig i 1841-42. Fotograf:
Hans Petersen, Thorvaldsens Museum.

Grundtvigs skoletanker. Det første personlige møde mellem
Grundtvig og arveprinsessen fandt sted i januar 1838. Det førte til
flere møder, hvor man bl.a. drøftede mulighederne for at oprette den
asylskole, der siden er blevet kaldt Danmarks første friskole. I marts
1839 overraskede prinsessen Grundtvig med en opfordring til at
holde en række historiske foredrag for hende og en kreds af damer
på slottet. Det var naturligvis et tilbud, Grundtvig ikke kunne sige
nej til. Foredragene gennemførtes i tiden fra marts til begyndelsen af
maj med to-tre foredrag om ugen, Påskeugen dog undtaget.

I september 1838 var *Bertel Thorvaldsen* vendt tilbage fra Rom
til København. Arveprinsen og prinsessen, der var bekymrede for, at
Thorvaldsen atter skulle forlade landet, formåede baronesse *Chri-*

stine Stampe til at tilbyde Thorvaldsen at indrette en sommerbolig og et værksted for ham på herresædet Nysø ved Præstø. På den måde skabte hun og baron *Henrik Stampe* et tilholdssted og en vennekreds for den store billedhugger, for hvem omstillingen til Danmark ikke var så let. Nysø havde for øvrigt gennem flere år været et samlingssted for digtere og kunstnere. Også Grundtvig hørte med i denne kreds. Han havde lært familien Stampe at kende i 1821-22, da han var sognepræst i Præstø.[14] Siden havde Grundtvig og hans familie været hyppige sommergæster på Nysø, og op gennem årene havde man ført en omfattende korrespondance om store og små problemer.

På den baggrund var det naturligt, at Grundtvig deltog i festen på Nysø i juli 1839 i anledning af indvielsen af Thorvaldsens værksted i slotshaven. Ikke desto mindre er det overraskende at konstatere, hvilken central rolle, Grundtvig spillede ved den lejlighed. Ikke alene havde han digtet en sang, der blev indøvet og afsunget. Han holdt desuden tale for Thorvaldsen, hvis atelier endvidere efter Grundtvigs forslag blev kaldt "Vølunds Værksted". Endelig glædede han de tilstedeværende fem børn ved at skrive i deres poesibøger. Man må sige, at den 24. juli 1839 var Grundtvig dagens mand – foruden Thorvaldsen naturligvis!

Grundtvigs position blev i 1839 ikke blot befæstet i de højeste samfundslag. Også offentligheden i bredere forstand fik han i stigende grad i tale, efterhånden som han blev stedse mere brugt som foredragsholder. De fleste foredrag blev holdt i foreningen "Danske Samfund", der på initiativ af den førnævnte Frederik Barfod stiftedes i maj 1839. Manuskripterne til de talrige foredrag, Grundtvig op gennem årene holdt i dette forum, udgør et interessant, omfattende og stadig kun delvis udnyttet kildemateriale.

Året sluttede med en begivenhed, der berørte ikke blot Grundtvig, men hele befolkningen. Den 3. december døde landsfaderen kong Frederik VI, og arveprins Christian Frederik besteg tronen som kong Christian VIII. I digte og småskrifter fra månederne omkring årsskiftet giver Grundtvig udtryk for dyb sorg over at have mistet den konge, der gennem en hel menneskealder havde været hans beskytter og velgører.

Selv om året begyndte med skuffelse og endte med sorg, var 1839 for Grundtvig alt i alt et godt år. I løbet af 1839 fik han i ikke ringe grad arbejdet sig ud af den til dels selvforskyldte isolation, hvori han havde levet siden 1826. At det forholdt sig således forblev ikke ubemærket. Hans nære ven, præsten P.A. Fenger, nævner i et brev af 5. juni 1839 "den Anerkjendelse, De nu finder fra flere Sider, og som De ikke har været vant til" (Breve II, s. 307). Hvad dog ingen kunne vide var, at netop 1839 blev det år, hvor Grundtvig fik forbindelse med slavesagens venner i England.

DEN FØRSTE SLAVEKOMITE, EFTERÅRET 1839

G.W. Alexanders første besøg i København

Som omtalt i det indledende kapitel, der belyser baggrunden, besluttede det nystiftede selskab *British and Foreign Anti-Slavery Society,* i det følgende forkortet BFASS, at indlede en kampagne med henblik på at få de kontinentale kolonimagter til at ophæve slaveriet. I den anledning vedtog BFASS i eftersommeren 1839 at sende en repræsentant til Danmark og Sverige. I København lykkedes det at stifte en lille komite, der forpligtede sig til at virke for formålet. Tidligere har man kun haft en begrænset viden om dette forløb, idet den engelske side af sagen ikke har været kendt. Ved at supplere de kendte danske kilder med materiale i BFASS' arkiv er en mere fyldestgørende redegørelse for begivenhederne blevet muliggjort.

Til belysning af stiftelsesfasen i efteråret 1839 foreligger i Grundtvigs arkiv dels fire breve fra professor C.N. David, dels et udkast til en offentlig udtalelse ført i pennen af Grundtvig. Endelig bliver en enkelt boganskaffelse fra dette efterår i denne sammenhæng interessant. Et langt fyldigere materiale foreligger i BFASS' arkiv i Rhodes House Library, der er en del af Bodleyan Library, Oxford. I dette righoldige arkiv findes tre grupper af relevante dokumenter: (a) Selskabets "Minute Books", dvs. forhandlingsprotokoller, samt (b) korrespondance-mapper og endelig (c) en komplet samling af selskabets tidsskrift *The Anti-Slavery Reporter.* På grundlag af dette materiale kan begivenhedsforløbet rekonstrueres som følger.

I første bind af "Minute Books" beskrives indledningsvis grundlæggelsen af BFASS. Det noteres, at tre personer, W. Allen, G.W. Alexander og I.H. Tredgold, der sidenhen alle korresponderede med Grundtvig, deltog i de "Preliminary Proceedings", der førte frem til selskabets stiftelse den 18. april 1839. I de nærmest følgende år kom de alle tre til at indtage nøgleposter i selskabet, Allen som formand, Alexander som kasserer og Tredgold som sekretær. På et møde den følgende dag, den 19/4, nedsattes en "sub-committee" på fem medlemmer hvoriblandt Alexander og Tredgold. Disse fik til opgave at indlede en korrespondance med udlandet, samt at forberede et materiale, der kunne tilgå den danske og den franske ambassadør (Vol. I, p. 25). Dette er første gang, at Danmark nævnes i protokollen.

I løbet af sommeren vedtager man en lidt anderledes strategi: Dels vil man i London i 1840 sammenkalde en international konference om slavesagen, dels vil man til Danmark, Frankrig og kolonierne sende en række spørgsmål, samt udbede sig tryksager, der vedrører slavesagen (p. 71). Med henblik på at effektivisere materialeindsamlingen tilbød Alexander på mødet den 14. august at rejse til København og Stockholm. I det følgende møde den 30/8 var Alexander fraværende, og den 27/9 deltog han atter. Hans rejse til Danmark og Sverige er således gennemført i løbet af en måneds tid, mellem slutningen af august og slutningen af september 1839. Hvilken baggrund havde nu denne mand for at løse de opgaver, han påtog sig i 1839 og i årene derefter?

Oplysninger om *George William Alexander* (1802-1890) eftersøger man forgæves i Dictionary of National Biography. I kvækernes engelske hovedbibliotek, Friends' House Library i London, findes imidlertid en maskinskrevet engelsk-amerikansk samling af kvæker-biografier, blandt disse også to sider om G.W. Alexander. Han fødtes og opvoksede i London. I 14-års alderen blev han optaget i faderens vekselererfirma, hvis ledelse han overtog otte år senere i kompagniskab med moderen. På denne baggrund er det ikke tilfældigt, at han i 1839 valgtes netop til kasserer i det nystiftede BFASS. Endvidere begrænsedes hans indsigt ikke til engelske forhold, idet han på rejser var kommet vidt omkring ikke blot i Europa, men også til Vestindien. Blandt hans trykte småskrifter bemærkes især to. Det første er hans *Letters on the Slave-Trade, Slavery and Emancipation* (London 1842). Undertitlen lyder: Reply to Objections made to the Liberation of the Slaves in the Spanish Colonies. Hans næste skrift udkom i dansk oversættelse under titlen *Om den moralske Forpligtelse til og det Hensigtsmæssige af strax og fuldstændigt at ophæve Slaveriet* (1843). Af disse iagttagelser fremgår, at til Alexanders personlige egenskaber hørte internationalt udsyn, handlekraft og evne til at argumentere for et synspunkt. Endvidere fremgår af hans rejserapporter, at han med en uimponeret selvfølgelighed henvendte sig til de mest indflydelsesrige personer og kredse i datiden. Denne uimponerethed er typisk for det trossamfund, han tilhørte.

Efter sin hjemkomst aflagde Alexander den 1. november beretning om sit ophold i København, hvortil han rejste via Hamburg. Rapporten lyder som følger:

G.W.A. subsequently proceeded to Copenhagen, where he remained nearly two weeks. During this time G.W.A. did not see a large number of persons, but some individuals of high rank were among those with whom he had interviews, and some possessing a literary reputation.

Several persons were absent from Copenhagen at the time of G.W.A.'s visit, who might have been expected to co-operate in endeavours for the abolition of the Slave trade and Slavery and among those to whom G.W.A. had a letter of introduction, Peter Brown, Secretary of the British Legation at Copenhagen and a Cousin to Lord Sligo.

G.W.A. was favoured with an audience by the Crown Prince of Denmark/ in which G.W.A. endeavoured to point out to him the duty, importance and necessity of abolishing Slavery in the Danish West Indian Islands. G.W.A. also forwarded to the Crown Prince some documents in the Slave trade and Slavery and among these the last printed Parliamentary Papers relative to Jamaica and Guinea, proving the advantages resulting from freedom in a portion of the British West Indies.

G.W.A. also had the pleasure of an interview with the Crown Princess, which will be adverted to further in the conclusion of this report. During G.W.A.'s stay at Copenhagen General Scholten, the Governor of the Danish West India Islands, arrived in the City, with whom in company with Professor David G.W.A. had a long interview. (p. 110-111)

(Her udelades ca. to sider, hvis indhold ikke direkte vedrører stiftelsen af den danske slavekomite. G.W.A. refererer officielle og uofficielle synspunkter vedrørende tidsrammen for en eventuel ophævelse af slaveriet, forbedring af slavernes forhold osv.)

A small Committee was formed before G.W.A. left Copenhagen to whom, and to a person present about to sail for St. Croix, a short address was delivered as at Hamburgh previously to the formation of the Committee. Among the best friends of the Cause of negro freedom, whom G.W.A. met in Copenhagen were Pastor Grundvig (sic!), a Lutheran Minister, Pastor Raffard of the French Church and professor David, the last an editor of a newspaper./ Both Pastor G and professor David gave G.W.A. ground to expect that they would bring the subjects, which had been brought under their notice before the Public through the Press.

G.W.A. left a considerable number of Anti-Slavery Documents with the Committee at Copenhagen and has since corresponded with two members of the Committee.

While at Copenhagen G.W.A. wrote an address to the King, which he wished to have presented, but circumstances prevented him doing so. The Crown Princess, however, kindly consented, on G.W.A. asking her to do so, to place it in the hands of the King. (pp. 114-115)

På enkelte punkter kan rapportens oplysninger suppleres ud fra de involveredes breve. Af et brev dateret 5. september 1839 meddeler Alexander til Tredgold, at han ankom til København dagen før, dvs. den 4. september. Endvidere berettes, at han allerede dagen efter sin ankomst fik besøg af professor C.N. David:

Since writing the above, Prfr David has called on me at the Hotel ... (over-klæbet) ... appears disposed to place the subject of the slave trade & slavery before the public.[15]

Med denne visit var C.N. David trådt ind i slavesagen. I løbet af de følgende otte år skulle han blive en af nøglepersonerne i slavekomiteens arbejde. Hvem var denne mand?

C.N. David

Christian Georg Nathan David (1793-1874), hvis navn sædvanligvis forkortes C.N. David, var af jødisk slægt, men lod sig døbe i 1830. Samme år udnævntes han til professor i nationaløkonomi. Allerede i slutningen af 1820'erne var han blevet en del af det indflydelsesrige

Nationaløkonomen og politikeren C.N. David (1793-1874).
Litografi ved J. Friedländer 1838. Kgl. Bibliotek, Kort- og Billedafdelingen.

intellektuelle miljø omkring H.C. Ørsted, J.N. Madvig, H.N. Clausen og J.L. Heiberg m.fl. Inden for nationaløkonomien blev David banebryder for de den gang nye liberale ideer, hvis førende organ, ugebladet *Fædrelandet*, han grundlagde i 1834. Nogle lidt for liberale politiske udtalelser medførte en retssag, hvor David anklagedes for at have overtrådt trykkefrihedsbestemmelserne. Trods frifindelse ved Højesteret blev David afskedigedet fra sit professorat. Straffes skulle han!

Under disse omstændigheder blev redaktionen af *Fædrelandet* for det meste overladt til andre og fra 1839 bl.a. til Orla Lehmann. Efter Frederik VIs død bestemte Lehmann, at bladet herefter skulle udkomme som dagblad. På dette tidspunkt havde David i sin politiske tænkning bevæget sig i retning af et mere moderat liberalt standpunkt og derved distanceret sig fra Lehmann. Fra 1840 og fremefter gik David aktivt ind i politik. Fra 1840 til 1848 var han medlem af Stænderforsamlingen i Roskilde, og i årene 1841 til 1848 tillige rådmand i København.

På overgangen mellem 1839 og 1840 stod C.N. David således på tærskelen til et nyt afsnit af sit offentlige virke. Netop på dette tidspunkt blev han engageret i slavesagen. Og det første han foretog sig i den anledning var at henvende sig til Grundtvig. Samme dag, som han havde besøgt Alexander på hotellet, dvs. den 5. september, tilskrev han Grundtvig som følger:

Overbringeren heraf, Herr Alexander, er mig anbefalet fra London – han hører til Anti-Slavery-society, og søger foruden Oplysninger om vore vestindiske Coloniers Forhold Underretning om endeel Punkter, Folkets religiøse og sædelige Tilstand her betræffende, som De langt bedre end jeg vil være istand til at give ham.

Tillad mig derfor at anbefale ham til Dem.

Venligst

C. N. David.

København d. 5. Septbr 1839.

(Fasc. 448.1.c.IV)

Dette korte brev, der kun består af én lang og én kort sætning, er ganske tankevækkende. Vi får at vide, at David ikke forud har kendt Alexander, men at denne er blevet ham "anbefalet fra London", det vil formentlig sige fra Davids kontakter hinsides havet. Netop i 1839 havde David foretaget en rejse til England med henblik på "at forfriske sindet".[16] Han har næppe selv kontaktet BFASS, mens han var i London. Ellers ville han have kendt Alexander. Snarere har en af Alexanders og Davids fælles bekendte skrevet til denne, så snart Alexanders besøg i København var besluttet.

Brevet rejser dernæst spørgsmålet om, hvorfor David overhovedet sender Alexander hen til Grundtvig. Hvorfor ikke til en af Københavns førende gejstlige? Hvorfor ikke til biskoppen? Hvorfor ikke til Davids politiske meningsfælle, den liberale professor H.N. Clausen? Desuden bemærkes brevets ligefremme, tillidsfulde og hjertelige tone. Uden nogen højtidelighed og omsvøb går David lige til sagen. Det tyder på, at David ikke blot har kendt Grundtvig, men har haft et positivt forhold til ham, *før* Alexanders besøg gjorde en henvendelse aktuel.

I Rønnings Grundtvig-biografi fremhæves to gange (II,1 s. 94 og 98), at Grundtvig har kendt David fra Det Schouboe'ske Institut. På denne københavnske privatskole var Grundtvig lærer i årene 1808-10 (SfL s. 128-129), og David dimitteredes derfra i 1809. Det er ikke umuligt, ja snarere sandsynligt, at David har været Grundtvigs elev i året 1808-09. Imidlertid ville et sådant bekendtskab, der lå 30 år, dvs. en hel menneskealder, tilbage i tiden næppe være tilstrækkelig forklaring på Davids henvendelse i efteråret 1839. Her er det snarere to andre hændelser, der har været afgørende. For det første har det glædet David dybt og inderligt, at Grundtvig i 1813 under den såkaldte litterære jødefejde gik i rette med den ellers så beundrede Thomas Thaarup for "i ubegribelig Ubesindighed" at have oversat et antijødisk skrift fra tysk til dansk.[17]

Den anden og afgørende hændelse har været mødet mellem David og Grundtvig i sommeren 1838, altså lige godt og vel et år før Alexanders besøg. Den 28. maj 1838 deltog Grundtvig i en stor fest, der afholdtes på Skydebanen i anledning af 50-året for Stavnsbåndets ophævelse. Dagen efter skrev David til Grundtvig og takkede ham på arrangørernes vegne "for Deres Medvirkning til Festens Oplivelse ... og for det skjønne Digt, som De skjænkede os". David beder derpå Grundtvig om tilladelse til at trykke hans to taler. Ifølge et lidt senere brev af 20/8-1838 synes dette at være sket, selv om et sådant tryk ikke omtales i Bibliografien.[18] I disse to breve finder man den samme tillidsfulde hjertelighed, som bemærkedes i brevet fra september 1839. Det første af brevene fra 1838 er underskrevet "med inderlig Hengivenhed og Høiagtelse". I det andet brev meddeler David, at han gerne personligt vil takke Grundtvig for hans bidrag til festen den 28. maj. Der kan herefter ikke være tvivl om, at det først og fremmest er dette fornyede bekendtskab fra sommeren 1838, der medførte, at David sendte Alexander hen til Grundtvig – og ikke til andre gejstlige i hovedstaden.

Fra Alexanders rapport ved vi, at han forlod København efter et ophold på ca. 14 dage, dvs. senest mandag den 18/9. Fra København er han fortsat til Stockholm, hvorfra han er returneret til London.

Endelig vides, at man umiddelbart før Alexanders afrejse fra København stiftede en lille "anti-slavery" komite bestående af tre personer: David, Grundtvig og "Pastor Raffard of the French Church". Hermed træder endnu en medarbejder i slavesagen frem på scenen.

J.-A. Raffard

Pastor Raffard er en gådefuld og af eftertiden næsten ukendt skikkelse. Kun ganske få steder er hans navn nævnt en passant,[19] og et par gange oplyses, at han var præst ved den fransk reformerte menighed.

Jean-Antoine Raffard (1787-1862), fransk reformert præst. Litografi ved E. Bærentzen efter tegning af E. Lehmann antagelig 1840-41. Den fransk reformerte Kirke, København.

Da han var reformert præst, figurerer han ikke i de sædvanlige leksika og lærebøger, der belyser den danske kirkes historie. Hans navn møder man derimod i kilder, der belyser miljøet omkring prinsesse, senere dronning Caroline Amalie. I Fr. Barfods lille erindringsbog om Caroline Amalie (s. 34) beskrives, hvorledes Raffard allerede i løbet af 1820'erne mødte prinsessen. Endvidere bemærkes, at i prinsessens breve til Peter Rørdam fra perioden 1837-39 nævnes Raffard hele tre gange (PR I, s. 133, 172 og 204). Peter Rørdams tilknytning til denne kreds skyldes, at han underviste ved de asyler, som prinsessen havde oprettet for hovedstadens fattige børn. Fattigforsorgen var også et vigtigt tilknytningspunkt mellem Raffard og prinsessen. Det fremgår af et værk om den fransk reformerte menigheds historie skrevet af D.L. Clément. På grundlag af dette værk, samt materiale i kirkens arkiv[20] kan om Raffard oplyses følgende:

Jean-Antoine Raffard (1787-1862) , der var født og uddannet i Genève, blev i 1822 efter et par års præstegerning i Schweiz kaldet til embedet som præst for den fransk reformerte menighed i København. Han var en fremragende prædikant, og adskillige af hans prædikener er blevet trykt. To af disse bør her nævnes. Først er der prædikenen *Les Asyles Chrétiens pour les petits enfants, sermon prêché le 20 Novembre 1836*, siden oversat til dansk under titlen *Christelige Asyler for smaa Børn. En Prædiken holdt den 20de November 1836.* Prædikenen var oversat af G. Schaarup, kateket og senere præst ved Holmens Kirke, en mand, der foruden at være Peter Rørdams nære ven også var stærkt optaget af fattigforsorgen. Således knyttedes netværkets tråde på kryds og tværs. Mest bemærkelsesværdig er dog prædikenens flotte dedikation:

À son Altesse Royale
Madame la Princesse
CAROLINE AMÉLIE
de Danemarck

Heraf fremgår med al ønskelig tydelighed, at Raffard ikke alene var optaget af fattigforsorgen i almindelighed, men at han også delte prinsessens specielle interesse for asylsagen. På baggrund af disse forskellige, men dog beslægtede tilknytningspunkter blev det ham betroet at udføre praktiske opgaver på prinsessens vegne. I Cléments værk omtales, at Raffard bl.a. fungerede som "Aumônier", dvs. almissefordeler. Som påskønnelse for sin indsats udnævntes Raffard i 1840 til Ridder af Dannebrog.

Også for Frederik VI nærede Raffard en oprigtig hengivenhed, der kom smukt til udtryk i hans prædiken ved kongens død: *Un bon roi, don de Dieu à son peuple*, dateret 16. januar 1840. Raffards tilknytning til hoffet ophørte ved Christian VIIIs død i 1848. Omtrent samtidigt synes hans forbindelse med Grundtvig at være afbrudt. Som oven for nævnt indledtes deres bekendtskab senest i efteråret 1839, da Raffard – sandsynligvis på prinsesse Caroline Amalies foranledning – indtrådte i den komite, som Alexander stiftede under sit ophold i København.

Møder og udkast

Få dage efter Alexanders afrejse indkaldte David den lille slavekomite til møde, første gang i brev af 23/9-1839. Få dage senere skriver han til Grundtvig:

Pastor Raffard, som jeg just troede ville være flyttet igaar til Byen, kommer først i dag herind, og som man siger mig først Kl. 5. Men da vi nu har ham herinde, tør jeg bestemme Mødet til Tirsdag Kl. 1, til hvilken Tid jeg skal komme med ham ud til Dem, ifald jeg ikke faaer Afbud fra Dem forinden.

Med sand Høiagtelse, Deres
26 Sbr 1839   C. N. David.[21]

Mødet måtte imidlertid udsættes endnu en gang. Det fremgår af Davids næste – og sidste – brev:

Jeg har i disse Dage flere Gange søgt General Scholten, men ikke truffet ham, saa at vort til i dag berammede Møde neppe vil kunne lede til noget Resultat. Jeg foreslaar derfor at udsætte det til i dag 8 Dage paa samme Tid (Kl. 1); da vil jeg haabe at kunne give mine Herrer Colleger i denne Sag en ikke uinteressant Meddelelse.

2 Octbr 1839   Ærbødigst,

C. N. David

Hvad den ikke uinteressante meddelelse gik ud på, vides ikke. Om det også denne gang er lykkedes David at træffe de vestindiske øers generalguvernør, Peter v. Scholten, vides heller ikke. Derimod står det fast, at det i september lykkedes David at føre G.W. Alexander sammen med v. Scholten.

Under alle omstændigheder er det sandsynligt, at komiteen har holdt et møde i midten af oktober. David var på det tidspunkt i fuld gang med at offentliggøre en række artikler om slavefrigørelsen. Artiklerne tryktes i ugebladet *Fædrelandet* i månederne september-november. På mødet i oktober må komiteen derudover have vedtaget at tage initiativ til oprettelsen af en forening til fremme af sagen. Det fremgår af Grundtvigs hidtil utrykte udkast til en henvendelse til offentligheden desangående:

Medborgere!

Da Slavehandelen, uagtet Englands Kamp imod den daglig tiltager, har der i London nylig (April 1839) dannet sig et Selskab for ved alle *lovlige og fredelige* Midler at virke til *Slaveriets Ophævelse* i hele America og saaledes stoppe Kilden til den ei mindre grusomme end foragtelige Handel med Mennesker, der vil vedblive, saalænge der er <et> fordelagtigt Slave-Market.

Dette Selskab (British and Foreign Anti-Slavery Society) har opfordret os til at prøve, om der ikke ogsaa i *Danmark* kunde reise sig et Hjelpe-Selskab med samme Øiemed, og vi turde saameget mindre vægre os derved, som vort Fæderneland havde Æren for det første Skridt til Negerhandelens Afskaffelse, uden at vi tør sige, det ganske har svaret til de derved vakte Forventninger.

Snart er nemlig et halvt Aarhundrede forløbet siden det første Skridt (1792), og skal end Slaverne paa vore Vestindiske Øer sædvanlig behandles mildere end de fleste Andre, saa er de dog endnu ei mindre Slaver end for 47 Aar siden, medens der i de Engelske Besiddelser kun var 30 Aar imellem det første Skridt til det Sidste, som var Slavernes Løskiøbelse paa offentlig Bekostning.

Vel tør vi ingenlunde ubetinget anprise <s. 2> den Engelske Fremgangs-Maade ved dette vigtige Foretagende, da den synes vel saameget beregnet paa Slave-Eiernes som paa Slavernes Fordeel, og Noget lignende vilde desuden i det fattige Danmark forbyde sig selv; men da dog vist Mange af vore Medborgere dele det Ønske med os, at Slaveriet ogsaa paa de Danske Øer maatte paa en god Maade, snarest muligt, ophøre, saa indbyde vi Ligesindede til et Møde for nærmere at overveie, hvorvidt dette Ønskes Opnaaelse hos os rimeligvis kunde fremmes ved et Selskabs Oprettelse.

Vi tage os til Slutning den Frihed at bemærke, at hvad end Resultatet maatte blive af denne Gienstands Drøftning, er Lysten til at faae den drøftet dog uadskillelig fra Deltagelsen i vore ulykkelige Medmenneskers Skæbne, der sælges som Vahrer og behandles, haardt eller mildt, dog kun som *Huus-Dyr,* uden Ægteskab, uden Børneglæde eller Noget af Alt hvad der naturlig lader Mennesket føle sin høiere Natur og ansporer ham til en Virksomhed, som er den værdig.

(Fasc. 448.1.c.VII)

At dette dokument henføres til *efteråret* 1839, modsiges ikke af formuleringen "nylig (April 1839)". Ikke alene er der mellem april og oktober kun ca. et halvt år. Afgørende er, at ingen danske eller engelske kilder antyder, at en opfordring skulle være rettet til Danmark og danske før Alexanders besøg i september 1839.

Hvad indholdet af henvendelsen angår bemærkes, at Grundtvig tilsyneladende hylder den opfattelse, at slaverne på de dansk vestindiske øer behandledes mildere end i de andre kolonier. I så henseende fortsætter Grundtvig en tradition fra oplysningstidens forfattere. Malling fremhævede de danske slaveejeres "besynderlige Venlighed". Og hos Thaarup får man i *Peters Bryllup* at vide, at slavens kæreste hørte til på den danske ø St. Thomas "hos en Planter Enke, Som overalt var roest for hendes Mildhed" (s. 58).

Over for den danske Forordning af 1792 tager Grundtvig et rimeligt forbehold, og han mener ikke, at den engelske løsning af problemet uden videre kan gentages i Danmark. Størst interesse knytter sig dog til tekstens sidste afsnit, der fremfører en etisk vurdering af slaveriet. Vurderingen videreudvikler ansatserne i første afsnit, hvor der tales om den "grusomme og foragtelige Handel med Mennesker". Hvad angår punkterne grusomhed og menneskehandel, fortsætter kritikken de angreb, Grundtvig tidligere, i tekster fra før 1839, har rettet mod slaveriet. Men kritikken i dette udkast adskiller sig alligevel fra tidligere udsagn. Sammenligner man med udtalelserne i Mands Minde-foredragene fra 1838 noterer man her, i teksten fra 1839, det totale fravær både af polemik mod sentimentalt føleri og af krav om, at "Charity begins at home". Her er klart fremhævet, at slaverne er "ulykkelige Medmennesker". Og endelig er der føjet noget væsentligt nyt til: En understregning af, at slaveriet berøver disse medmennesker den menneskelighed, der manifesterer sig i *ægteskab* og *"Børneglæde"*. Derved berøves de "Noget af Alt hvad der naturligt lader Mennesket føle sin høiere Natur ..." Hvad kan have inspireret denne udvikling af Grundtvigs etiske argumentation? Er det læsning, eller er det personlig påvirkning?

Af Alexanders rapport fremgik, at han ved sin afrejse fra København efterlod "a considerable number of Anti-Slavery Documents". Ifølge Alexanders brev af 7/9-1839 (se note 15) indgik i dette materiale andenudgaven af T.F. Buxton: *The African Slave Trade*, der netop var udkommet i London i 1839. Af den fortegnelse over Grundtvigs bogsamling, der i 1839 udarbejdedes af hans ældste søn

Johan, den vordende arkivar, fremgår med ret stor sikkerhed, at Buxtons bog er indgået i bogsamlingen i efteråret 1839.[22] Et nærmere studium af denne bog giver imidlertid ikke noget fast holdepunkt for at antage, at den påpegede ændring i Grundtvigs etiske argumentation skulle være inspireret af Buxton. Her kommer snarere samtalerne med Alexander ind i billedet. Ægteskab og familie som en naturlig del af et menneskeværdigt liv er i hvert fald et synspunkt, som Alexander går udførligt ind på i et brev, som han sender til Grundtvig i foråret 1840, og som senere skal citeres in extenso. Det er derfor ikke usandsynligt, at netop sådanne refleksioner kan have indgået i samtalerne mellem Alexander og Grundtvig. Er denne formodning rigtig, *kan* det give en rimelig forklaring på det ejendommelige forhold, at det digt, Grundtvig ifølge traditionen skrev til *sønnernes* konfirmation i begyndelsen af oktober 1839, bærer titlen *Aabent Brev til mine Børn*. Digtet er skrevet til alle tre børn, ikke alene "til mine sønner", men også til datteren Meta. Fra først til sidst ånder digtet af "Børneglæde", af kærlig stolthed over de "Kiære, som med Blodets Rosenbaand/ Er knyttet til mit Fader-Hjerte". Hvis det er rigtigt, at der består en sammenhæng mellem den "Børneglæde", der nævnes i udkastet, og det kendte digt, kan der hermed foreligge et argument for at tidsfæste digtet til oktober 1839. En sådan datering har man ellers betvivlet netop med henvisning til, at digtet ikke udelukkende henvender sig til de to sønner, men til alle tre børn.

Engelsk opmærksomhed

For nationen som sådan var 1840 et år præget af to store kongelige begivenheder, Frederik VIs bisættelse den 16. januar og Christian VIIIs kroning den 28. juni. Begge begivenheder fremkaldte et væld af taler og sange, og blandt disse hørtes også Grundtvigs røst. Med foreningen "Danske Samfund" gik det fortsat fremad trods en krise i marts. Krisen skyldtes det politiske modsætningsforhold mellem Grundtvig og den ultraliberale Orla Lehmann, der havde fundet anledning til at kalde Grundtvig "en Leiekæmpe for Despoti og mosgroede Fordomme".[23]

Bortset fra et vellykket sommerbesøg på Nysø henrandt den resterende del af året 1840 for Grundtvigs vedkommende uden større begivenheder. Så meget mere blev der tid til at samle sig om studier og udgivelser. I årets sidste måneder gik det løs. Først kom i oktober under titlen *Skjalde-Blik paa Danmarks Stjerne* en samling af taler og digte til den nye konge og hans dronning. I samme måned udkom *Phenix-Fuglen*, Grundtvigs oversættelse af "et Angelsachsisk Kvad". Også i november så to publikationer dagens lys. Først kom et af hans skoleskrifter, *Bøn og Begreb om en Dansk Høiskole i Soer*, og hurtigt derefter en genudgivelse af 48 salmer. I december udarbejdedes anden del af den teologiske afhandling *Kirkelige Oplysninger især for Lutherske Christne*, hvis første del var kommet i januar. Trods relativt få ydre begivenheder i Grundtvigs personlige tilværelse er året således kendetegnet af koncentreret indsats med hensyn til udgivelser. Dertil føjer sig den hidtil oversete kendsgerning, at Grundtvig i årets løb på ny blev kontaktet af G.W. Alexander, og den lille slavekomite blev genstand for ny opmærksomhed.

Senest en gang i begyndelsen af maj modtog Grundtvig fra G.W. Alexander et brev dateret 13/4-1840 (Fasc. 448.1.c.1) og afsendt fra BFASS' kontor-adresse 27 New Broad Street, London. Dette indholdsrige brev skal her gengives in extenso. I parentes indføjes, om nødvendigt, forklaringer på de hyppigt forekommende forkortelser.

Esteemed friend,

A considerable period has elapsed since I had the pleasure of seeing thee & some other friends of an oppressed race in Copenhagen. Subsequently I have addressed Pastor Röffard & Prfr David but have not heard from either of them.

It will be a satisfaction to me to learn what is passing in Denmark or in the Danish West India islands, bearing upon the circumstances of the slaves in those distant isles. What appear to be the prospects of their being placed in possession of that liberty of which they have so long been unjustly deprived & thus placed in circumstances incalculably more favourable to their advancement in intelligence, moral & religion than their present degraded state?

I was very much interested in hearing recently that Joseph Gurney, a minister of the Society of Friends & a well known writer on religious subjects has recently visited St. Croix & St. Thomas. He has since proceeded to Antigua from which island he writes giving a very pleasing and satisfactory account of the state of freedom & suggesting to his sister Elsath (dvs. Elizabeth) Fry, who is now on the continent, the desirableness of extending her journey to Denmark for the purpose of exciting an interest in that country in the abolition of slavery.

I am not aware that it is at all probable that E F will adopt her Brother's suggestion. I am indeed informed by one that has been her companion in Holland that it is not in his opinion likely that she will visit Denmark.

I cannot but hope that there are Christians in Denmark & that I am writing to one of the number who will not allow the continuance <s. 2> (of) a system, unjust in principle as well as cruel in practice & fearfully injurious to morality & religion among all classes, wherever it prevails.

It has been my lot recently to visit France & Holland in the hope of rendering some service to the cause of Abolition in those countries. Thou wilt find in the last no (dvs. number) of the Anti-Slavery Reporter which is forwarded to thee, some account of the proceedings of the Depn (dvs. Deputation), of which I formed a part to these countries. The most striking feature in the system of slavery in the colonies of these kingdoms so far as they came under our notice in reading or by report was the proportion of births & deaths to each other & the few instances in which the marriage tie exists.

In Fr. (dvs. French) Guinea the marriages appear to (be) one annually among 500 or 600. In Martinique & Guadeloupe not more than one in about

5000 or 6000 in the same period & in the island of Bourbon with a slave population of nearly 70.000 not one marriage appears to be established in the course of twelve months. In the latter island there is a very considerable excess of deaths over births. In Surinam morality & religion appear to be shamefully neglected & the decrease in the slave population is estimated variously at from 4 to 5 prct (dvs. procent) or at the lowest from 3 to 4 prct annually. We know that God has said to man: Increase & multiply upon the earth but slavery in the West Indies dares to say decrease or causes this result in nearly every island or colony in which it prevails. I am aware that it is said there has been lately some increase in one or more of the Danish West India islands, but how insignificant compared with that which takes place among the same race & among all races during peace where a sufficiency of provisions is obtained. It was cheering to me to hear from the life of a Surinam planter resident at Amsterdam an admission or more correctly speaking an acknowledgement for I do not recollect that it was sought for by me that the sentiment of Europe is opposed to slavery. It is so & shall not every christian & those especially who <s. 3> stand in the solemn situation of watchmen among the people extend & strengthen this feeling so far it is in their power that they may not participate in the guilt of the slaveowner?

Thou wilt not I hope consider me to be taking too great a freedom in making these remarks. May I ask thee to inform me what the little anti-slavery band formed during my stay at Copenhagen have done since my departure.

(Her er indskudt en trykt meddelelse underskrevet af *William Allen,* Chairman. Meddelelsen, der omfatter 21 linier, er dateret 15. februar 1840. Allen omtaler den kommende internationale "general Anti-Slavery Conference", der skal begynde i London d. 12. juni. Mødested og program oplyses, bl.a. gensidig information om slaveriets omfang i forskellige lande. Til slut skal drøftes, hvorledes man kan opnå "the total and unconditional abolition of Slavery".)

Can the Friends of the Negro in Denmark appoint Delegates for the approaching conference in London? We expect not a very few from the United States

& some from the West Indies. – 3 are at present named from Jamaica –. I trust that it will prove not only a deeply interesting occasion, but one which will prove productive under the divine blessing of highly beneficial <s. 4> results.

Be so kind as to communicate these lines or the substance of these to Prfr David & Pastor Röffard. Can you make some considerable increase to your comee (dvs. committee)? I met a gentleman of the name Rördam at the Palace when at C (dvs. Copenhagen), who appeared to be a good man & from this circumstance & the little conversation I had with him, one who might be looked to as a helper in your good cause.

With kind regards to thyself & each member of the comee (dvs. committee),

I remain Thy sincere friend
Geo Wm Alexander.

De ni underafsnit af Alexanders brev kan for nemheds skyld samles i fem hovedafsnit. Første hovedafsnit er en høflig brevindgang, hvor Alexander spørger til, hvordan det går med slavesagen i Danmark. Han oplyser, at han har skrevet til Raffard og David, men at disse ikke har svaret. Hvad han ikke kunne vide var, at Raffard, som det siden skulle vise sig, ikke ønskede at udtrykke sig skriftligt på engelsk. Og David (jf. ovenfor) var netop på dette tidspunkt ved at omstille sig til en ny indsats i dansk politik.

Andet hovedafsnit bringer den interessante oplysning, at *Elizabeth Fry*, den kendte forkæmper for forbedring af fangers vilkår, var blevet opfordret til at besøge Danmark. Opfordringen var fremsat af hendes broder, *Joseph Gurney*, hvis store lidenskab var at kæmpe for slavefrigørelsen. Hans motiv til at opfordre sin berømte søster til at gæste Danmark er derfor let gennemskueligt. Når Elizabeth Fry åbenbart har tøvet, skyldes dette rimeligvis, at hun ifølge sin særlige interesse i fængselsforhold ikke har haft nogen speciel grund til at

Vekselerer George William Alexander (1802-90), kasserer i British and Foreign Anti-Slavery Society. Selskabets udsending til Danmark og Sverige. Fotografi ca. 1850. Picture Collection, Friends' House Library, London.

rejse til Danmark. Ikke desto mindre blev rejsen gennemført i det følgende år, 1841.

Brevets tredje hovedafsnit beskriver i to fyldige underafsnit indtryk fra rejser i Holland og Frankrig. Specielt har Alexander hæftet sig ved, at slaverne ikke har mulighed for at stifte ægteskab, samt at denne tingenes tilstand er en kilde til umoral og mangel på religion. Fjerde hovedafsnit røber derpå, hvad der har været den konkrete anledning til, at brevet blev skrevet: Den kommende internationale konference i London. Ved denne lejlighed var det naturligvis vigtigt for BFASS at demonstrere, at modstanden mod slaveriet var en magtfuld faktor i alle berørte lande. Det havde derfor betydning, at også Danmark var repræsenteret.

I brevets afsluttende afsnit opfordres den danske slavekomite til at forøge sit medlemstal, og Alexander nævner i den forbindelse Peter Rørdam, hvem han har mødt "at the Palace", det vil sandsynligvis sige i dronningens forgemak. At Rørdam har gjort et gunstigt indtryk på Alexander er ikke så mærkeligt. Dels var Rørdam en vindende person, dels havde han under et etårigt ophold på Tenerife lært at tale udmærket engelsk.

Intet tyder på, at Grundtvig har besvaret dette brev. Det kan der være flere forklaringer på. En kunne være, at han på dette tidspunkt var dybt begravet i studier og udgivelsesprojekter. En anden grund kunne være, at han er blevet irriteret over Alexanders henvendelse. En sådan irritation kan være foranlediget af flere forhold. Det måtte være ubehageligt for Grundtvig allerede i brevets indledning at blive gjort opmærksom på, at man intet havde hørt om komiteens virksomhed. David havde med sin artikelserie faktisk gjort en stor indsats, og Grundtvig selv havde formuleret en henvendelse til offentligheden. Ganske vist var henvendelsen forblevet i skrivebordsskuffen. Men det kunne der jo være særlige årsager til, bl.a. Grundtvigs optagethed af tronskiftet.

Fremdeles kan Grundtvig næppe undgå at være blevet stødt over, at Alexander tillod sig at *håbe*, at der var kristne i Danmark. Endelig havde Alexander påpeget det særlige ansvar, som præsterne, disse "watchmen", mao. disse vægtere på Jerusalems mur (jf. Esajas 62,6) havde, dersom de ikke ville gøre sig medskyldige i slaveejernes brøde. Sådan taler man ikke til en kongelig embedsmand! Hvad end forklaringen måtte være, står det fast, at intet svarbrev fra Grundtvigs hånd er bevaret i BFASS' arkiv.

Det ser ud til, at Alexander har haft en anelse om, at hans tone måske ikke har været så heldig. Han udtrykker i hvert fald ønsket om, at Grundtvig ikke vil synes, at han har tiltaget sig "too great a freedom in making these remarks". Men det er sandsynligvis netop det, der er sket. En række formuleringer i brevet *kan* have bidraget til at afkøle Grundtvigs interesse for slavesagen. Der skulle nye og stærke personlige tilskyndelser til, før denne holdning ændrede sig.

Sommerens internationale konference om slavesagen blev udførligt omtalt, og taler og indlæg omhyggeligt citeret i det af BFASS udgivne tidsskrift *The Anti-Slavery Reporter*, i det følgende forkortet ASR. Også situationen på de dansk vestindiske øer blev omtalt i flere sammenhænge. G.W. Alexander aflagde rapport om sit besøg i Danmark, herunder om etableringen af "the first anti-slavery society". (Man noterer opgraderingen fra komite til selskab!). Alexander tilføjer, at han er overbevist om, at "the persons, of whom it was composed, were capable of serving the cause in no unimportant degree". Det oplyses, at han traf de dansk vestindiske øers generalguvernør.

Afsluttende udtrykker Alexander tillid til, at noget er blevet udrettet. Dette håb understøttes af, at Danmark var den første europæiske nation, der afskaffede slavehandelen (ASR Vol.I, s. 141).

I tidsskriftets følgende numre bringes nu og da (ib. pp. 223, 240) kortfattede bemærkninger om Danmark og dansk Vestindien. Disse er dog uden betydning i nærværende sammenhæng. I nummeret dateret 23. september 1840 bringes imidlertid en række detaljerede og interessante oplysninger. Kilden er nogle amerikanske aviser, som BFASS har modtaget. Anledningen til at de amerikanske aviser rettede søgelyset mod de små, danske øer var, at generalguvernør Peter v. Scholten var returneret til St. Croix efter at have deltaget i kroningen af Danmarks nye konge og dronning. I umiddelbar fortsættelse af denne meddelelse – ja, faktisk i en bisætning dertil – og formentlig på grundlag af udtalelser af v. Scholten, hedder det, at "the latter of whom (dvs. dronningen) is favourable to the abolition of slavery" (ib. p. 247). Dette er første gang, at man hører om, at dronning Caroline Amalie skulle være positiv over for ophævelsen af slaveriet. Det må understreges, at citatet kun udgør et yderst spinkelt grundlag for en sådan opfattelse af dronningens standpunkt. Dog kan man sige, at hvis opfattelsen er korrekt, så har man her en forklaring på, at Raffard dukker op i den danske slavekomite i forbindelse med, at Alexander opsøgte den daværende prinsesse Caroline Amalie i september 1839. Endvidere ville dronningens positive holdning, hvis opfattelsen heraf er korrekt, indebære nogle klart forbedrede perspektiver for slavekomiteens arbejde. Meddelelsen har imidlertid ikke kunnet bekræftes.

Den tilsyneladende ret vel orienterede artikel fortsætter med at nævne, at den danske regering er for fattig til at yde plantørerne erstatning, dersom slaverne blev frigivet. Beløbet er udregnet til ca. 20.000 amerikanske dollars. Endvidere redegøres for de foranstaltninger, man nu iværksætter med henblik på at forbedre slavernes forhold i den periode, der tilbagestår inden gennemførelsen af den frigivelse, som man på øerne betragter som uundgåelig. Endelig gøres i et udførligt slutafsnit rede for det stigende antal flugtforsøg fra den danske ø Sankt Jan (engelsk: St. John) til den nær ved beliggende britiske ø Tortola.

I årets slutning, nærmere bestemt i et nummer af ASR dateret 18. november 1840, bringes BFASS' udførlige offentlige skrivelse *To the People of Holland and Denmark* (s. 297-299). Af de seks spalter, skrivelsen omfatter, fylder afsnittet om de dansk vestindiske øer kun ca. en kvart spalte. Der redegøres for visse positive tiltag, men i det store og hele giver slavernes forhold på øerne dog "abundant grounds for dissatisfaction and grief to the philanthropist and the christian" (s. 297-298). Begrundelsen er, at moralitet og religion har en lav status i alle samfundslag på øerne. Artiklen slutter med en understregning af, at det første skridt i retning af slaveriets ophævelse er viden om de faktiske forhold. Det næste skridt er individuel og organiseret indsats, "individual and associated efforts" (s. 299).

Selv om Grundtvigs interesse for slavesagen skulle være blevet afsvalet i løbet af 1840, så havde sagens udenlandske forkæmpere dog ikke glemt den lille danske komite. Tværtimod var komiteen blevet genstand for øget engelsk og international opmærksomhed. At det forholdt sig således blev bekræftet i den første måned af det nye år.

UDFORDRING TIL EFTERTANKE

Et roligt forår

Første halvdel af året 1841 forløb for Grundtvigs vedkommende stille og roligt uden opsigtvækkende begivenheder. Ingen udgivelser så dagens lys undtagen nogle få lejlighedssange. Blandt disse bemærkes digtet *Til Elise Stampe* skrevet til den unge baronesse i anledning af hendes konfirmation i Vartov Kirke den 18. april. Af materiale i Grundtvigs arkiv (Fasc. 364.II) fremgår imidlertid, at midt i al denne rolighed har en ganske betydelig foredragsvirksomhed fundet sted. I foreningen "Danske Samfund" talte Grundtvig gennemsnitligt to gange om måneden, dvs. cirka hver fjortende dag. Denne ihærdighed

81

British & Foreign Anti Slavery Society.
For the Abolition of Slavery & the Slave Trade.
Throughout the World.

(27. New Broad Street, London.

29th Jany 1841

Revd and dear Sir

I beg leave to forward to you herewith a Copy of our Anti-Slavery Reporter containing an address to the people of Holland and Denmark which our Committee are desirous should be translated in the Danish language and circulated extensively in Denmark our Committee would bear any expense which may be attendant on the translation or circulation of this document. The Committee respectfully request to be informed if it would be agreeable and convenient to undertake for them the translation and circulation of this address, soliciting the favor of your early reply. I am very respectfully

J. H. Tredgold Secy

Brev af 29/1-1844 fra I.H. Tredgold, sekretær for British and Foreign Anti-Slavery Society, til Grundtvig. N.F.S. Grundtvigs arkiv, Kgl. Bibliotek, Håndskriftsamlingen.

skyldtes formentlig, at Grundtvig så en "Fare for Danske Samfund for at sove hen" , som han udtrykker sig i et brev af 17/7 til Gunni Busck.

I løbet af foråret modtog Grundtvig atter et brev fra BFASS. I selskabets protokol, dets "Minute-Books", noteres under 15/1-1841, at

letters had been written to Pastor Gruntvig (sic!) of Copenhagen and the Reverend Ebenezer Miller of Rotterdam relating to the translation and circulation of the address to the people of Holland and Denmark ... (Vol. I, p. 330)

Brevet, der først er skrevet 14 dage senere, er forholdsvis kortfattet:

27 New Broad Street, London

29th Janry 1841

Revd and dear Sir

I beg leave to forward to you herewith a copy of an Anti-Slavery Reporter containing an address to the people of Holland and Denmark which our Committee are desirous should be translated in the Danish language and circulated extensively in Denmark. Our Committee would bear any expense which may be attendant in the translation or circulation of this document. The committee respectfully requests to be informed if it would be agreeable and convenient to undertake for them the translation and circulation of this address, soliciting the favour of your early reply.

Yrs very respectfully

J.H. Tredgold Secty

(Fasc. 448.1.c.II)

Så vidt vides, har Grundtvig ikke reageret på denne henvendelse. På en måde forstår man ham. Den pågældende "adresse" er lidet indbydende at arbejde med. Det er et koncentreret dokument, der i

ASR (18/11-1840) fylder 6 tæt trykte spalter i stort kvart format. Omtale af forholdene i dansk Vestindien fylder kun ca. 25 linier. Hvad årsagen end kan være, konstaterer man godt og vel et år senere, at der intet er sket i sagen. Det er derfor forståeligt, at BFASS' bestyrelse under 8/7-1842 noterer, at der foreligger en "Necessity of procuring correspondents in Copenhagen and the principal Towns in Denmark". Åbenbart forestiller man sig en organisering af arbejdet, der nogenlunde svarer til den, selskabet har opbygget i England. Henvendelsen fra BFASS har således ikke formået at skabe uro i Grundtvigs liv. I det ovennævnte brev af 17/7, skrevet til Gunni Busck i Stiftsbjergby, meddeler Grundtvig, at han kunne tænke sig at aflægge besøg hos præstevennen "paa Hjørnet af Juli og August", dvs. i sidste uge af juli. Besøget gennemførtes til fornøjelse for alle parter.[24] I midten af august er familien atter samlet i København, og Grundtvig belavede sig på at fortsætte sin stille og rolige tilværelse. Men det skulle ikke så være. Fra dronning CarolineAmalie modtog han få dage senere et brev dateret 19/8-1841 (Fasc.450.a.4), hvor dronningen – elskværdigt, men umisforståeligt – tilkendegiver en utilfredshed med, at Grundtvig ikke har meldt sig hos hende, da hun dog vidste, at han var kommet tilbage fra sin rejse. Hvorfor hun ønskede at tale med ham, røbes ikke. Det skulle vise sig, at hun havde brug for hans bistand i forbindelse med, at den berømte kvindelige filantrop og fremtrædende repræsentant for kvækersamfundet, Elizabeth Fry, forventedes at ankomme til Danmark i løbet af få dage.

Kvækerbesøg i København

Først efter religionsfrihedens indførelse med grundloven af 1849 blev en kvækermenighed stiftet i Danmark. Enkelte udsendinge fra kvækersamfundet havde dog besøgt Danmark nogle år før 1849. To besøg gennemførtes af John Shillitoe henholdsvis i 1821 og 1824, og et tredje af Elizabeth Fry og hendes broder Joseph Gurney i 1841. Vedrørende disse tre kvækerbesøg skal til de ovenfor (i Kap. 1) anførte kortfattede bemærkninger føjes nogle oplysninger, der skønnes at være af interesse i nærværende sammenhæng.

Ifølge Bjørn Kornerups afhandling (1951), der blev omtalt og citeret i Indledningen, blev *John Shillitoe* under sit besøg i Danmark mødt med en for ham overraskende venlighed. Overraskelsen skyldtes, at myndighederne i datidens Danmark var meget på vagt over for ikke-lutherske trossamfund. Når Shillitoe ikke desto mindre i 1821 blev venligt modtaget af Frederik VI, skyldes det især majestætens aktive og positive interesse for de skoletanker, der var udviklet af Shillitoes trosfælle, kvækeren Joseph Lancaster. Allerede i 1816 havde Frederik VI fremsat ønske om at få disse nye tanker om den såkaldte indbyrdes undervisning indført i Danmark (SfL s. 190). Ved Shillitoes afrejse udtalte kongen, at han gerne så, at nogle kvækere bosatte sig i Jylland, hvor der var god plads. I 1824 besøgte Shillitoe atter Danmark. Denne gang blev han inviteret til chokolade hos prinsesse Caroline Amalie. Samtalen blev en særdeles positiv oplevelse. Dels talte prinsessen engelsk, og dels havde hun under besøg i England truffet flere fremtrædende kvækere.

Langt større offentlig opsigt vakte det besøg, der i august 1841 gennemførtes af *Elizabeth Fry* og *Joseph Gurney*. Elizabeth Fry havde på det tidspunkt vundet internationalt ry på grund af sit utrættelige arbejde for at forbedre forholdene i fængslerne. Broderen Joseph Gurney var ligesom hun engageret i fængselsreformer. Derudover havde han en ganske særlig interesse i arbejdet for en total ophævelse af negerslaveriet. Om forholdene i Vestindien havde han i 1840 udgivet en bog, der netop var blevet udførligt anmeldt i dagbladet *Fædrelandet* den 30/7-1841. Besøget i Danmark strakte sig over godt og vel en uge. Det blev begivenhedsrige dage.

Elizabeth Fry og Joseph Gurney, der kom tilrejsende fra Kiel, blev den 22/8 modtaget på Toldboden af den britiske legationssekretær Peter Browne. Aftenen tilbragtes sammen med Browne og Peter Rørdam, der for øvrigt begge var Grundtvigs nære venner. Den 23/8 blev de engelske gæster afhentet af fru Katherine Browne i dronningens vogn og kørt til sommerresidensen på Sorgenfri Slot, hvor de blev modtaget af dronning Caroline Amalie, to hofdamer og den tidligere omtalte fransk reformerte præst J.-A. Raffard. Samme dag aflagdes besøg på dronningens asylskole i Nørregade.

Den følgende dag, den 24/8, var optaget af besøg i forskellige københavnske fængsler. Først besøgte gæsterne Domhusets arrest og dernæst Stokhuset, begge steder ledsaget af Grundtvig. Kornerup betragter det som "ejendommeligt", at Grundtvig var med på disse besøg. I lyset af Grundtvigs nære tilknytning til dronningen og i betragtning af, at flere af hans venner og bekendte deltog i programmet (Browne, Rørdam, Raffard og senere C.N. David), er dette måske ikke så mærkeligt endda. Den følgende dag aflagdes besøg i Tugthuset og på Kastellet. Den 26/8 besøgte Elizabeth Fry og Joseph Gurney kongeparret på Sorgenfri Slot. Efter at have overnattet på familiens Brownes landsted "Rolighed" i Vedbæk returnerede man til København, hvor der om aftenen var arrangeret et privat møde til drøftelse af muligheden for at stifte et fængselsselskab. Dagen efter afholdtes på Hotel Royal et større møde, hvori mellem 150 og 200 indbudte gæster deltog. Ifølge reportagen i dagbladet *Fædrelandet* (30/8-1841) talte Elizabeth Fry – som ventet – om fængselsreformer, og Joseph Gurney talte uventet for en ophævelse af slaveriet.

Om søndagen den 29/8 besøgtes først to baptister, der sad fængslet i Domhusets arrest. Om eftermiddagen var Elizabeth Fry og Joseph Gurney til the hos kongeparret. På opholdets sidste dag, den 30/8, holdtes endnu et møde, hvor man stiftede et Fængselsselskab, der fik betydning for de kommende års reformarbejde. I bestyrelsen finder man foruden Mrs. Katherine Browne og Peter Rørdam endnu en af Grundtvigs venner, professor C.N. David. Samme dag afrejste "med Dampskibet Frederik den Sjette til Travemünde: Mistress Fry med Selskab, Tjener og Eqvipage" (*Adresseavisen* 1/9-1841).

Stiftelsen af et Fængselsselskab var en synlig eftervirkning af søskendeparrets besøg i København. Hvad slavesagen angår, var virkningerne knap så iøjnefaldende. Det er imidlertid en kendsgerning, at Joseph Gurney overleverede en udførlig skrivelse desangående til Christian VIII. Skrivelsen, der er dateret 28/8-1841 er optrykt i Kornerups afhandling (s. 148-155). Året efter, i 1842, skriver Gurney atter til Christian VIII og minder ham om hans velvillige tilsagn om at tage initiativ til at ophæve slaveriet. Hvorvidt Gurneys henvendelser har haft betydning for, at kongen i sommeren 1847 udstedte sit reskript om forberedelse af slaveriets ophør på de dansk vestindiske øer, vides ikke. Men det er unægtelig en mulighed.

Grundtvigs møde med Elizabeth Fry

Hensigten med dronningens brev af 19/8 viste sig at være, at hun ønskede, at Grundtvig skulle holde sig klar til i nødvendigt omfang at tolke for de prominente gæster. Endnu var der ikke mange i København, der beherskede engelsk. Dronningen har imidlertid vidst, at Grundtvig ikke blot havde oversat Bjowulf fra angelsaksisk, men også at han havde gennemført tre studierejser til England, samt at han efter sin hjemkomst omgikkes herboende englændere, f.eks. legationssekretær Peter Browne og dennes frue foruden den engelske legationspræst Nugent Wade.

På denne baggrund forstås, at Elizabeth Fry og Joseph Gurney allerede den første dag, de var i København, tilskrev Grundtvig således:

Hotel Royal

8th Month (Aug) 23th (?) 1841

(Monday Evening)

Elizabeth Fry & J.J. Gurney present their respects to the Pastor Grundtvig & finding from their friend Raffard that he (dvs. Grundtvig) is willing to accompany them to the prisons, will be much obliged by his coming to this hotel at 11 oclock to morrow morning. They feel much indebted to Pastor Grundtvig for his kindness.[25]

Der er næppe nogen tvivl om, at Raffard her optræder som sekretær for dronningen. Det bemærkes, at Raffard allerede har vundet søskendeparrets tillid, idet de kalder ham deres ven. Over for Grundtvig er tonen høflig, men reserveret. Dette skyldes sandsynligvis, at datidens frikirkefolk nærede en ikke altid ubegrundet mistillid til præster i den lutherske statskirke.

Underretning om mødet mellem de to kvækere og Grundtvig foreligger bl.a. i Gurneys optegnelser, der citeres i Kornerups afhandling. Under besøget i Stokhuset tog Grundtvig ordet, og talte (på dansk) til de indsatte. Talen gjorde indtryk på de engelske gæster, selv om de ikke forstod den. Herom skriver Gurney:

They (dvs. fangerne) were also addressed by the celebrated pastor, Grundtwig (sic!), a truly spiritual man, who seems to depend on a divine influence in his preaching. It was evident to us that the unction accompanied his words, though we could not understand them. (Braithwaite II, p. 278)

Ægteparret har alstå fået det indtryk, at Grundtvig under sin tale var grebet af ånden ("a truly spiritual man ... divine influence"), og at han derfor kunne tale med salvelse ("unction"). At høre Grundtvig har altså for dem været en særpræget oplevelse, måske lidt skræmmende, men dog betagende. Grundtvigs oplevelse af det, der skete i fængslet, var knap så positiv. Det fremgår af en senere udtalelse, hvor han beretter, at søskendeparret til sidst bad ham om at trøste fangerne med evangeliet om farisæeren og tolderen (Lk 18,9-14). I betragtning af at de indsatte var "for det meste Tyve eller noget værre", ville dette efter Grundtvigs opfattelse være et misbrug af teksten. Dens pointe er jo ikke, at Jesus sammenligner "skikkelige Folk med Tyve og Røvere, eller siger, at de Sidste er retfærdigere end de Første. Men han sammenligner de Hovmodige med de Ydmyge og giver de Ydmyge Prisen ...".[26] Mødet med Elizabeth Fry fik imidlertid også en anden og langt mere positiv eftervirkning.

Denne ærværdige og elskelige Kvinde

Som nævnt dækkede dagbladet *Fædrelandet* besøget udførligt og velvilligt. Reportagen (30/8) om det store møde på Hotel Royal indledes med en beskrivelse af det indtryk, Elizabeth Fry gjorde på sine tilhørere:

Hendes mærkelige (dvs. bemærkelsesværdige) Personlighed udtalte sig igiennem hendes Foredrag, enhver Tilstedeværende blev det klart, hvorledes hun har været i Stand til at virke saa meget for de qvindelige Fangers Forbedring, det Kald, hvortil hun har indviet sit Liv. Hendes Stemme er velklingende og fuldtonig, hendes Foredrag simpelt, uden alle rhetoriske Prydelser; men det, der fornemmelig udmærker hende, er den inderlige Overbevisning, den indre Begeistring for Dyd og Moralitet, den høie Religiøsitet og Christelighed, som udpræge sig i hvert Ord, hun fremfører.

Ingen tvivl om, at hun har gjort indtryk – også selv om hendes foredrag skulle oversættes. Hvad angår det indtryk, hun gjorde på Grundtvig, har man hidtil kun haft den refererede sene ytring fra

1855 at holde sig til. I Grundtvig-arkivet foreligger imidlertid en samtidig og langt udførligere udtalelse.

Dagen efter gæsternes afrejse, den 31/8-1841, holdt Grundtvig foredrag i "Danske Samfund". Han talte veloplagt om Elizabeth Fry:

M.H. (dvs. Mine Herrer!)

Det er meget sjelden, jeg seer noget til de Fremmede, som kommer tilbyes og giør Opsigt, saa jeg har hverken hørt andet til de store Spillemænd, end Rygtet om deres himmelske Toner, eller seet andet til de store Hexemestere end deres "tilsyneladende Trylleri" i Adresseavisen; men ved en Undtagelse saae og hørde jeg dog lidt til de Fremmede af et ganske eget Slags, som forlod os igaar og da især den berømte Englænderinde Mrs. *Fry,* hvis Konst hverken gaae ud paa at kildre Øren eller forblinde Øine, men at røre Hjerter i Fængslerne og vække Medlidenhed med deres ulykkelige Indbyggere, og saameget Indtryk har hun i det mindste giort paa mit Hjerte, at naar jeg iaften skal tale i Danske Samfund, maa Talen begynde med (gentages: begynde med) hende. For saa vidt mueligt at forebygge Misforstand, maa jeg imidlertid strax bemærke, at Mrs. *Fry,* som De vel veed, er ingenlunde en ung Dame, der stikker Ild i gamle Hjerter, men en gammel Bedstemoder, og dernæst, at skiøndt jeg var med hende baade i Stokhuset og i Børnehuset, saa har hun dog ingenlunde omvendt mig enten <s. 2> til det *Kvækeri,* hvori hun er født og baaret, eller til den Forkierlighed for Tyve og Skielmer, som i vore Dage kun er alt for almindelig og trænger ikke til at udbredes ved saa veltalende Missjonærer. Nei, m.H., hvad Troen angaaer, da mener jeg virkelig at vide meget bedre Besked dermed end al Verdens Kvæker og Kvækerinder, og medens jeg af mit Hjerte ønsker, at baade de og Gien-Døbere og alle Mennesker maae have Lov til, paa eget Ansvar, at tale om vor Herre og dyrke ham, som de lyster, saa vil jeg dog frabede mig deres Paatrængenhed og forbeholde mig min Frihed til at modsige, hvad jeg misbilliger.

Hvad der hos Mrs. Fry gjorde et dybt og vederkvægende Indtryk paa mig, det var ingenlunde hendes særegne Meninger og Anskuelser i Salighedens Sag, men hendes milde Alvor, Oprigtighed og Sanddruhed i sin Tale, det var ingenlunde hendes Forkiærlighed for Fængslerne og deres Indbyggere, men den almindelige Menneske-Kiærlighed, der lyste af hendes Aasyn og strække sig til alle dem hun mødte, kort sagt, den ædle Menneske-Natur, aldeles ukonstlet alt giennem en heel Menneske-Alder brændende for udbredt, velgiørende Virksomhed, men dog uddannet til en sjelden Grad af Bevidsthed, Betænksomhed og Sikkerhed.

<s. 3> Nu ved Synet af denne baade ærværdige og elskelige Kvinde at holde en Lovtale over Kvækeriet, som om det især dannede saadanne fortræffelige Mennesker, det falder hos os ikke let nogen ind, da vi er vant til at betragte Religionerne som en Ting for sig selv, der har lidet eller intet maae <have> med Livet, med Tanke og Handlemaade at giøre, og i Forbigaaende maa jeg bemærke, at Mrs. Fry lige saavel mellem Kvækerinderne som mellem kristne i Almindelighed er en sjelden Undtagelse; men paa den anden Side er dog Alt hos hende saa sammensmeltet med hendes Tro og Gudsdyrkelse, at man umuelig kan oversee denne, naar man vil forklare sig hendes Liv og Virksomhed.

Baade som Præst og som Historiker nødtes jeg derfor til at tænke lidt alvorligere over Kvæker-Samfundet, end jeg vel ellers vilde gjort, thi vel var min Forestilling om dette baade i England og Nordamerika vidtudbredte Samfund ikke slet saa overfladelig, som deres, der kun kiende Kvækere paa deres bredskyggede Hatte og langskiødede Kjoler og almindelige Dutten, eller kiender dem kun af Komoedier og Romaner, nei, jeg blev som Historiker meget tidlig opmærksom paa dette Samfunds Oprindelse og indgribende borgerlige Virksomhed, som baade England og Nordamerika for en stor Deel skylde deres Velstand, men hvad jeg dog hidtil oversaae, var <s. 4> den Leilighed det gav saadanne Naturer som Mrs. Fry's til at udvikle sig – . Dersom De tillader, vil jeg derfor kortelig fortælle, under hvad Omstændigheder Kvæker-Samfundet eller som de kalde sig selv "Venne-Samfundet" opstod, og hvad der udmærker dette Samfund fra alle bekiendte kiødelige Samfund eller gudelige Selskaber. (Fasc. 364.II.60)

Den berømte filantrop Elizabeth Fry (1780-1845) klædt i kvækernes kvinde-dragt. Litografi af J.J. Hinchcliffe efter maleri af Charlotte Pearson. Første halvdel af 1840'erne. Samme tegning er anvendt (spejlvendt) på de for tiden nyeste engelske 5-pund sedler fra 2002. Picture Collection, Friends' House Library, London.

Derpå berettes udførligt om stifteren, George Fox, og om hvorledes bevægelsen, der oprindelig blev forfulgt, efterhånden blev en "bor-gerligVelsignelse" for landet. Afslutningsvis fremhæves, at Elizabeth Fry i vore dage med rette beundres af alle, fordi hun foragter "de tomme Skin" og kun efterstræber "at yde gode Gierninger".

Denne foredragsindledning er bemærkelsesværdig i flere hense-ender, både med hensyn til enkeltheder og med hensyn til perspekti-ver. Det helt usædvanlige i mødet med Elizabeth Fry fremhæves alle-rede, når dette karakteriseres som "en *Undtagelse*". Endvidere un-derstreges, at dette møde har gjort et dybt personligt indtryk på Grundtvig. Det er ikke tilfældigt, at ordet *"Hjerte"* forekommer hele fire gange i første afsnit. Fremdeles noteres, at Grundtvig altså har ledsaget Elizabeth Fry og Joseph Gurney under besøg i *to* fæng-sler, både i Stokhuset og i Børnehuset,[27] ikke blot i ét. Fremdeles: Der er i teksten intet, der entydigt bekræfter, at Grundtvig har delta-get i det store møde på Hotel Royal. Med lidt god vilje kunne man eventuelt se en antydning heraf i bemærkningen: "saae og hørde jeg dog lidt til de Fremmede ..." *"Dog lidt"* virker som en underdrivel-se, og *"hørde"* kan meget vel anvendes om overværelsen af et fore-drag.

I teksten finder man også – ikke uventet – enkelte af Grundtvigs yndlingstemaer. Det gælder den stærke fremhævelse af, hvor nød-vendigt det er med *trosfrihed*. Han påpeger, at en sådan frihed er nødvendig ikke blot i forholdet til kvækere, men også over for "Gien-Døbere", dvs. de baptister, der netop i sidste halvdel af 1830'erne var begyndt at skabe røre i Danmark.[28] Endelig lægger man mærke til, at Elizabeth Fry i sin fremtræden efter Grundtvigs opfattelse har demonstreret en ægte "ukonstlet" menneskelighed præget af alvor, oprigtighed og kærlighed. Dermed havde hun klart tilkendegivet sin foragt for al udvorteshed, det "tomme Skin". Hun havde med andre ord anskueliggjort, hvad Grundtvig allerede i sin ungdom havde lært af Holberg, at "Realitet" er vigtigere end "Apparence" (SfL s. 74), en opfattelse Grundtvig gang på gang frem-hævede i sine skoleskrifter.

Mest bemærkelsesværdige er dog ordene om, at Grundtvig i mødet med Elizabeth Fry "nødtes til at tænke lidt alvorligere over

Kvæker-Samfundet, end jeg ellers vilde gjort". I sine verdenskrøniker fra henholdsvis 1812 og 1817 havde han givet kvækerne en ublid medfart. I den førstnævnte bog omtales, hvorledes anglikanerne under 1600-tallets engelske borgerkrige var aldeles magtesløse på grund af "Vellyst og Overdaad". På den baggrund måtte en lægmand fremstå og tale i Herrens navn. Det gjorde George Fox, men han kom hurtigt på afveje:

Han jog ikke efter den ypperste Naadegave: Kærlighed, ville være klog over det, som skrevet staar, og blev en hovmodig Sværmer ... Som kristelig Menighed fortjener Kvækersamfundet ingen Roes, ja knap Navnet, da Forsoningslæren hardtad ganske sattes tilside, da den indvortes Oplysning gjordes til Skriftens Dommer ... (US II, 306-308)

I Verdenskrøniken fra 1817 skildres kvækerne som forløbere for 1700-tallets rationalisme:

Overalt er det værd at gjentage: Kvækerne vare det saakaldte *oplyste* Aarhundres Forløbere, Fornuft-Dyrkere i Indbildningen; det indvortes Lys, hvorom deres hele Lære dreiede sig, var Glimt af aandig Forstand, de forkastede Alt hvad de ikke indbildte sig at begribe, de frygtede ingenlunde Videnskaberne som formeentlige Fjender af Troen, men de hadede dem som Fjender til deres Indbildning om Fuldkommenheden af det indvortes Lys, og foragtede dem som unyttige i det daglige Liv ... (En kvækermenighed er i grunden en selvmodsigelse). Thi er det indvortes Lys den eneste retvise og ufeilbare Dommer, og er det som Erfaringen lærer, langt fra at lyse eens i alle, saa er *Uenighed* aabenbar Kvækerdommets Grundsætning, ligesom Enighed er enhver Menigheds uundværlige Sjæl. (VK 1817, s. 313-314)

Trods en vis forståelse for kvækernes oprør mod engelske kirkeforhold, er Grundtvigs kritiske holdning dog ikke til at tage fejl af. Så meget desto mere bemærkelsesværdig er den selvrevision, som hans møde med Elizabeth Fry, "denne ærværdige og elskelige Kvinde", medførte. I dette møde er der sket det, der i K.E. Løgstrups *Den etiske Fordring* (1956) beskrives som en velkendt psykologisk proces: I forholdet til en person, over for hvis adfærd eller ideer man nærer en vis antipati, er man på vagt, og man danner sig på forhånd et billede af vedkommendes karakter. I det personlige samvær sker imidlertid – normalt – det, at billedet bryder sammen. Den andens personlige nærvær udsletter det.

Mødet med Elizabeth Fry blev for Grundtvig en udfordring til eftertanke. Spørgsmålet var nu, om denne eftertanke gav anledning til omvurderinger på andre områder. Noget kunne tyde på, at det var tilfældet. Atter er det et foredrag i "Danske Samfund", der giver indblik i de tanker, Grundtvig på dette tidspunkt var optaget af.

Den 12. oktober 1841 holdt Grundtvig i "Danske Samfund" et foredrag om "Menneske-Værd og Menneske-Rettigheder". Indledningsvis hævder han, at man nu om stunder "snakker og skriver saameget" om disse begreber. Det er ikke lykkedes at fastslå, om Grundtvig dermed hentyder til nogle bestemte mundtlige eller skriftlige ytringer fra tidsrummet mellem 1. september og begyndelsen af oktober 1841. Retter man søgelyset bagud i tiden, vil man uden vanskelighed kunne påpege flere provokationsmuligheder – uden at man dog dermed når frem til et entydigt resultat.

Om menneskerettigheder havde Grundtvig tidligere udtalt sig bl.a. i Mands Minde-foredragene fra 1838 under omtalen af den franske revolution. Bestræbelsen for at fastsætte sådanne rettigheder vurderer han som illusorisk, idet "de lovlige Grænser, den bestandig henviser til ... slet ikke fandtes, hvor de gamle Love og den gamle Regering havde tabt al deres Myndighed". I den situation er formuleringen af menneskerettigheder "kun latterligt Ordgyderi". Resultatet må blive et kaos, hvor ikke "de skikkelige og oplyste Folk", men de "uskikkelige, dumme og raa" ville gøre deres rettigheder gældende (MM s. 100-101). Talen fra oktober 1841 lægggr op til en omvurdering, der indbefatter, at man klargør sig det tilgrundliggende menneskesyn. I drøftelsen heraf afvises, at mennesket blot skulle være et dyr som alle andre. At mennesket er noget andet og mere fremgår allerede deraf, at mennesket hersker suverænt over dyrene. Men dertil føjer sig endnu et synspunkt:

Skal derfor Mennesket være bedre end selv at gaae i Slaveriet og flaaes ved Leilighed, og skal Mennesket have ikke blot bedre Ret end Dyrene, <men> Ret til at beherske og spise dem, da maae han selv være meget meer og noget ganske Andet end et Dyr, hvad vi ogsaa nok veed, vore Fædre paastod og udtrykde efter Skriften saaledes, at Mennesket var skabt i Guds Billede og efter Hans Lignelse. Hvorvidt nu dette Udtryk, som jeg troer, er det bedste, man kan finde, vil vi her lade staae ved sit Værd, kun Saameget er vist, at skal Mennesket have Ret til det Herredømme, han udøver baade over vildt og tamt, Levende og Dødt paa Jorden, da maa der være noget Guddommeligt ved ham, men at der ogsaa virkelig er det, det beviser i mine Øine baade vor <s. 4> Tale og vor Skrift, og Talen baade først og sidst. (Fasc.364.II.62)

Bemærkelsesværdig er her den foreliggende sammenkædning af begreberne menneskeret, menneskesyn – herunder at mennesket er mere end et dyr – og frihed fra slaveri. Vi har tidligere mødt denne sammenkædning, nemlig i det utrykte udkast fra efteråret 1839, hvor Grundtvig formulerede en opfordring til at stifte et selskab, hvis formål var at virke for "Negerhandelens Afskaffelse". I teksten fra 1839 brugte Grundtvig ikke udtrykket "menneskeret"; muligvis var han for tæt på sin vurdering fra Mands Minde-foredragene fra 1838. Selve sagen var dog til stede, idet udkastet fremhævede, at slaverne måtte henleve "uden Ægteskab, uden Børneglæde eller Noget af Alt hvad der naturlig lader Mennesket føle sin høiere Natur". Men nu, i 1841, er han kommet det skridt videre, at han overvejer, om en positiv forståelse af begrebet kan opbygges på et for ham at se rigtigt menneskesyn.

Der skulle imidlertid gå ca. to år, før disse selvopgør og nye overvejelser satte frugt i en politisk indsats.

DEN ANDEN SLAVEKOMITE, EFTERÅRET 1843

Velkendt og nyt

Samtlige perioder af Grundtvigs begivenhedsrige liv kan siges at være kendetegnet af en blanding af velkendt og nyt. Årene 1842-1843 udgør ingen undtagelse. Det skulle da være, at det nye, der netop i disse år bryder ind i Grundtvigs liv med nye perspektiver og udfordringer, er impulser fra England. I så henseende ligner denne periode årene 1829-31, hvor Grundtvig gennemførte sine første tre Englands-rejser.

Til de velkendte mønstre i Grundtvigs liv hører hans legendariske flid. Ganske vist kom i årene 1842-43 ingen udgivelser, der i omfang kan måle sig med de store enkeltværker fra 1830'erne. Produktionen fra 1842-43 er spredt på flere områder, men er dog af et ganske betragteligt samlet omfang. En række lejlighedsdigte og -taler kom som småtryk. Af fyldigere arbejder må først nævnes de pædagogiske skrifter fra disse år. Det drejer sig bl.a. om en redegørelse fra februar 1843 betitlet *Om Indretningen af Sorø Academi til en Folkelig Høiskole*, et skrift der var udarbejdet efter kongens anmodning, men som imidlertid først blev trykt efter Grundtvigs død. Af bøger for børn udkom det nye oplag af *Historisk Børne-Lærdom* og andenudgaven af hans *Krønike-Riim* fra 1829, samt den lille nyskrevne Danmarkshistorie, *Mundsmag af Danmarks Krønike til Levende Skolebrug*. Disse børnebøger er sandsynligvis foranlediget af

Grundtvigs tilknytning til dronningens Asylskole, der blev officielt indviet den 19/9-1841. Fra dette tidspunkt til sin død fungerede Grundtvig som "Bestyrer" af denne skole (jf. Fasc. 433). Alle de her nævnte pædagogiske skrifter bærer således vidnesbyrd om endnu et konstant element i Grundtvigs livsmønster i tiden fra ca. 1840 og fremefter: Hans nære tilknytning til kongehuset.

Af andre litterære arbejder fra 1842-43 må dernæst nævnes tre salmesamlinger. Først den ikke udgivne samling *Psalme-Blade til Kirke-Bod*, samt de trykte samlinger *Rosen-Kjæden* og *Gamle og Nye Psalmer*, i alt 101 + 280 + 398 = 779 salmer. Af andre arbejder bemærkes dernæst to teologiske tidsskriftartikler og en pjece, der er et indlæg i en aktuel kirkepolitisk debat.

Men også Grundtvigs tidligere omtalte foredragsvirksomhed hører til blandt hans velkendte aktiviteter fra disse år. Foredragene i "Danske Samfund" fortsatte tilsyneladende med uformindsket hyppighed. Dertil kom flere andre enkeltforedrag eller foredragsrækker. Blandt disse sidste må nævnes den nye række af historiske foredrag holdt på Amalienborg for dronningen og en kreds af damer. Foredragsrækken gennemførtes i tiden november 1842 til maj 1843 med et ugentligt foredrag, dog ikke i julemåneden. I efteråret påbegyndtes en ny række, denne gang over græske og nordiske myter. Foredragene, der havde karakter af offentlige forelæsninger, gennemførtes på Borchs Collegium med tre ugentlige foredrag i tiden fra november 1843 til januar 1844.

Af nye impulser, der i årene 1843-44 indvirkede på Grundtvigs tænkning, er inspirationen fra England formentlig den mest perspektivrige. De engelske impulser slår igennem på flere punkter. Først må nævnes Grundtvigs pjece *Om Religions-Forfølgelse*, der udkom 21/3-1842. Pjecen behandler et emne, hvorom Grundtvig havde talt og skrevet i årtier. Den konkrete anledning var imidlertid højaktuel, nemlig den danske statskirkes voldsomme fremfærd over for baptisterne, der var begyndt at gøre sig gældende i Danmark i sidste halvdel af 1830'erne. Statskirkens øverste ledelse repræsenteret af kancelliet og biskop J.P. Mynster, var af den opfattelse, at dette uvæsen måtte bekæmpes med alle midler, herunder også fængslinger. Grundtvig og hans tilhængere protesterede ihærdigt – og i længden med held. I pjecen understreges, at både Englands og Danmarks historie lærer os, at forfølgelser "langtfra at tilveiebringe borgerlig Fred og Enighed, meget mere nedbryder dem i Bund og Grund ..." (US VIII, s. 465).

Man har længe vidst, at Grundtvigs pjece føjer sig ind i denne kæde af begivenheder, der udspillede sig fra sidste halvdel af 1841 og fremefter. Man har endvidere været klar over, at myndighedernes adfærd over for baptisterne i efteråret 1841 til dels var påvirket af Elizabeth Fry's besøg. Det blev ovenfor i forbigående nævnt, at Elizabeth Fry den sidste søndag, hun var i Danmark, aflagde besøg hos to baptister, der sad fængslet i Domhusets arrest; under sit første besøg i denne arrest var hun blevet dybt rystet over at finde to baptister, altså to frikirkefolk, blandt de indsatte. Den ene af disse var forstanderen for den københavnske baptistmenighed, gravør P.C. Mønster. Ved at gå i forbøn for dem hos kongen, lykkedes det hende at få dem frigivet mod bødestraf. Dette blev bekendtgjort en uges tid efter hendes afrejse bl.a. i *Kjøbenhavnsposten* den 9/9-1841.

Kort tid efter blev situationen igen forværret, dels fordi to engelske baptistpræster ankom til København, dels fordi Mønster efter sin frigivelse atter begyndte at agitere for sine synspunkter. Dette gav anledning til nye restriktive tiltag fra myndighedernes side. Grundtvigs pjece skal imidlertid ikke alene forstås ud fra sin *kronologiske* placering i forlængelse af disse begivenheder, men også ud fra en hidtil overset *indholdsmæssig* sammenhæng med Elizabeth Fry's besøg. I sit ovenfor citerede foredrag i "Danske Samfund" den 31/8-1841 fremhævede Grundtvig jo nødvendigheden af trosfrihed ikke alene i forholdet til kvækerne, men også med hensyn til baptisterne. Han ønsker af hjertet, at både kvækere *"og Gien-Døbere"*, ja alle mennesker, "maae have Lov til paa eget Ansvar at tale om vor Herre og dyrke ham, som de lyster ..."

I de samme vintermåneder, hvor Grundtvig udarbejdede sin politiske pjece, fik han til opgave at anmelde to engelske teologiske bøger i et tidsskrift redigeret af P.C. Kierkegaard. Artiklen, der først udkom i midten af september, bar titlen *De nye Anglicaner*. At anmeldelsen blev til en artikel på over 30 sider siger noget om, hvor optaget Grundtvig var af emnet. Det drejede sig om skrifter, der formulerede nogle nye tanker fremsat af repræsentanter for den såkaldte Oxforder-bevægelse, en ny højkirkelig strømning inden for den anglikanske kirke, og hvis kendteste navne var John Henry Newman og Edward Pusey. Bevægelsen har således intet at gøre med den såkaldte Oxford-gruppe bevægelse fra det 20. århundrede.

I det følgende år, 1843, meldte England sig på ny for Grundtvigs bevidsthed. Det skete i to omgange, i henholdsvis maj og september. I begyndelsen af maj modtog han fra dronningen brev om, at hun ønskede at forære ham en rejse til England. Gaven skal formentlig ses som en tak til Grundtvig både for hans foredragsrække og for hans indsats med hensyn til Asylskolen. Med en blanding af stor begejstring og lidt bekymring underretter Grundtvig vennerne Ingemann og Gunni Busck om begivenheden.[29] Rejsen gennemførtes i tiden mellem 18/6 og 7/9. Om rejsens baggrund, forløb og resultater henvises til litteraturen herom, især til Helge Grells bog: *Grundtvig og Oxforderne* (1995). Næppe var Grundtvig atter hjemkommet til København, før *British and Foreign Anti-Slavery Society* meldte sig. G.W. Alexander havde været i Danmark og havde opfordret til nye intiativer i slavesagen.

G.W. Alexanders andet besøg

Gennem de første år efter G.W. Alexanders besøg i København i 1839 arbejdede man i BFASS' bestyrelse målbevidst på at vedligeholde og udbygge forbindelsen til Danmark og til den lille slavekomite. En gentagelse af Alexanders besøg synes dog ikke at have været på tale før i 1843. Af Alexanders breve fremgår, at han under et besøg i Stockholm i maj 1840 overvejede at lægge hjemrejsen om ad Danmark for at rette en ny henvendelse til den danske konge og dronning. Denne plan blev dog opgivet, "having had an interview with them last year".[30]

I 1843 medførte nogle særlige omstændigheder, at det blev besluttet, at Alexander atter skulle rejse til København. I selskabets forhandlingsprotokol, de såkaldte "Minute Books", fremhæves et par gange ønskeligheden af at henvende sig til de kontinentale kolonimagter med henblik på at indhente ajourførte oplysninger om slavesagens udvikling (Vol. II pp. 31 og 43). I dette ønske ligger ikke noget usædvanligt. En anderledes presserende situation foreligger imidlertid i april, da man får underretning om, at de herrnhutiske missionærer på de dansk vestindiske øer holder slaver. Denne oplysning vækker harme og dyb bekymring. Slaveri er, hedder det, i princip og praksis imod evangeliet. Og "its sanction by any Section of the professedly Christian Church, is of most pernicious example to the world" (p. 73).

Sagen drøftes udførligt på flere møder, og man overvejer muligheden af en direkte henvendelse til øernes generalguvernør Peter v. Scholten (ib. pp. 72-73, 76 og 92). På mødet den 4/8 tilbyder G.W. Alexander derfor at rejse til Danmark endnu en gang. I referatet hedder det, at bestyrelsen med glæde tager imod og på det varmeste anbefaler Alexanders tilbud om sammen med Benjamin Wiffen at besøge Danmark og enkelte andre europæiske lande (p. 100).

I dette referat optræder for første gang navnet på Alexanders ledsager, hvis fulde navn var *Benjamin Barron Wiffen*.[31] Alexanders valg af netop denne mand til ledsager skulle vise sig at være en heldig beslutning. Ikke alene var Wiffen sprogkyndig og bl.a. en anset specialist i spansk sprog og litteratur. Han var desuden en opmærksom iagttager og førte omhyggelige notater om, hvad han så og hørte. Rejsen omtaltes også i *Anti-Slavery Reporter*. Det er imidlertid i Wiffens breve, at man finder de oplysninger, der i nærværende sammenhæng har størst interesse.

Alexander og Wiffen må være rejst fra London forholdsvis hurtigt efter mødet den 4/8. Ifølge Alexanders breve til BFASS' nye sekretær, John Scoble, er rejsen gået via Hamburg til København, hvorfra han allerede den 14/8 kan melde om møder med flere forskellige nøglepersoner. Ankomsten til København må derfor antages at være sket senest to-tre dage i forvejen. Fra København fortsattes rejsen til Stockholm, hvortil man ankom den 28. eller 29/8. På vej til Stockholm udarbejder Alexander en rapport om opholdet i København.[32] Rapporten, der afsendtes fra Stockholm den 29/8, optryktes i ASR (1843 p. 173). Her refereres udførligt, hvad man har fået at vide om slavernes kår i dansk Vestindien. Endvidere fremhæves den gode støtte, selskabets to udsendinge har modtaget fra legationssekretær Peter Browne, professorerne David og Ørsted, samt D.G. Monrad. Afrejsen fra København dateres ikke, men den har formentlig fundet sted ca. 20/8.

Som allerede nævnt indeholder B.B. Wiffens breve en række detaljer vedrørende dagene i København. Den 7/9 skriver Wiffen til Scoble, at de nu er ankommet til Hamburg "from the North". Han omtaler, at de forgæves har søgt audiens hos kong Christian VIII, der på det tidspunkt opholdt sig i Holsten. Den følgende dag, den 8/9, befinder Alexander og Wiffen sig på Elben på vej mod "Saxony". Formålet nævnes ikke, men det drejer sig formentlig om en forhandling med herrnhuterne. Hvorom alting er, flodbåden bevæger sig langsomt op mod strømmen. Wiffen har god tid og skriver en fyldig rejseberetning på fem tætskrevne sider, hvoraf de tre midterste omhandler opholdet i København, hvor han og Alexander "made a rather large acquaintance".[33] Af en vedlagt oversigt fremgår, at det københavnske bekendtskab omfatter 26 personer. I den følgende gengivelse af listen bibeholdes Wiffens stavning af navne; ej heller er fejl i stillingsbetegnelser rettet.

Copenhagen

Bishop Munster

Count Henri Raventlow. Minster of Justice

Count Joseph Raventlow. President of the Chanceri

P. Monster. Baptist Minister

Mr Fredk Mathieson. Moravian Minister

– Forchammer. Professor of Chemistry and Minerialogy

– Martensen. Professor of Theology

– Tryde. Professor

– Paulli. Chaplain to the Court

– Langsek (?). Secretary of Chancery and Colonial Office

– Dahlerup. Commander

– Monrad. Professor

– David. Professor

– Nathanson. Professor

George Ryan. Slaveproprietor

Kere. Merchant to the Colonies

John M'Call – do –

Pastor Raffard of the French Church

Professor Hohlenberg

Joseph Oenke (?). Merchant to the Colonies

Professor Orsted

Orsted. Minister of State

Professor Stransson (?)

Schow. Professor of Botany.

Editor of –

Bournonville

Angerstrom (?)

Det noteres, at legationssekretær Peter Browne ikke anføres. Hans navn var dog udtrykkelig nævnt i ASR-rapporten. I betragtning af, at Alexander i efteråret 1839 dybt beklagede, at Browne den gang var bortrejst, må man formode, at netop Browne har været blandt de første, Alexander opsøgte efter ankomsten til København. Desuden må han hurtigt have henvendt sig til C.N. David og Raffard, hvem han jo kendte fra 1839. Det tredje medlem af den lille slavekomite, som den gang blev til, har han derimod ikke truffet, idet Grundtvig var i England. Men netop i denne situation var imidlertid David den rette mand at opsøge på grund af dennes mangfoldige kontakter. Ikke alene var han aktiv politiker. I perioden 1835-48 havde han desuden sæde i styrelsen for "Selskabet for Trykkefrihedens rette Brug" sammen med bl.a. professor J.F. Schouw. I redaktionen af selskabets tidsskrift, *Dansk Folkeblad*, finder man desuden D.G. Monrad,[34] hvis navn også figurerer på Wiffens oversigt. At kommentere denne liste yderligere vil her føre for vidt. Det i nærværende sammenhæng helt afgørende var, som det skulle vise sig, at Alexander og Wiffen mødtes med J.F. Schouw. Om dette møde læser man i Wiffens rejserapport følgende:

Another editor, whom we saw, is Schow, professor of Botanny, who is writing a work on the Geography of plants chiefly those used in the service of man (Exempler indskydes, hvorefter fortsættes:) illustrated by maps of which he obtained us specimens. Not having considered the details of the system of slavery he is a fixed gradual Abolitionist and in other respects not so likely to yield himself to our object as the two former individuals (dvs. professorerne David og Nathanson, der omtales i det umidddelbart foregående).

Udtalelsen viser, at en samtale med J.F. Schouw har været af interese for Alexander og Wiffen, fordi Schouw var professor og redaktør af et tidsskrift, hvis navn de dog ikke fik fat på. Det drejer sig om *Dansk Ugeskrift,* hvori en artikel af G.W. Alexander tryktes den 8/9-1843. Titlen var *Om den moralske Forpligtelse til og det hensigts-mæssige af strax og fuldstændigt at ophæve Slaveriet i de dansk-vest-indiske Kolonier.* Kort tid derefter forelå artiklen trykt som særskilt pjece.

Det overrasker, at Alexander og Wiffen tilsyneladende har været uvidende om, at Schouw tillige var politiker, endog en fremtræden-de sådan. Lige så bemærkelsesværdigt er, at Alexander og Wiffen helt har fejlbedømt muligheden for, at Schouw skulle kunne yde en ind-sats i slavesagen. De har sandsynligvis ret i, at Schouw så sent som i august 1843 var tilhænger af "gradual Abolition", dvs. en gradvis ophævelse af slaveriet over en længere periode. Det kan derfor bl.a. være Schouw, Alexander refererer til, når han i ASR-rapporten skriver:

We found generally a feeling friendly to a certain extent to our object, but a want of what we conceive to be just views as to the imperative duty of the immediate and entire abolition of slavery ... (ASR 1843 p. 173 sp. 2)

Hvad ingen kunne vide var, at en måned efter, at Alexander og Wiffen var rejst til Stockholm, tog Schouw det første skridt til en politisk aktion med henblik på en hurtigt gennemført ophævelse af slaveriet. I denne proces blev også Grundtvig inddraget.

J.F. Schouw og Grundtvig

Joachim Frederik Schouw (1789-1852) er i det foregående blevet kort introduceret som botaniker, redaktør og politiker. Før der gøres rede for hans forhold til Grundtvig, vil det være på sin plads at opridse hans vigtigste data. Schouw, der var cand.jur., havde oprindeligt forestillet sig en karriere inden for statsadministrationen. Hans store interesse var imidlertid botanikken, og i 1816 disputerede han for doktorgraden over et botanisk emne. Efter studierejser i Tyskland, Italien, Schweiz og Frankrig og efter at have udgivet et antal vægtige botaniske værker, udnævntes han i 1821 til ekstraordinær professor i botanik.

I 1830'erne udviklede Schouw to nye interessefelter: Folkeoplysning og politik. Den førstnævnte interesse gav sig udslag i hans udgivelse af *Dansk Ugeskrift,* et folkeoplysende tidsskrift, der udkom i årene 1831-36 og 1842-46. Samtidigt engagerede han sig i datidens liberale politiske bevægelse og bidrog til at forhindre repressalier fra øvrighedens side bl.a. ved at medvirke til stiftelsen af det førnævnte Selskab til Trykkefrihedens rette Brug (1835). Schouws mest betydningsfulde politiske indsats var dog hans engagement i de rådgivende stænderforsamlinger, der oprettedes i 1831, og hvis første session fandt sted i 1835-36 og derefter fortsatte med to års mellemrum indtil forfatningsændringen i 1848-49. I 1834 blev Schouw som repræsentant for universitetet kongevalgt medlem af stænderforsamlingen i Roskilde og blev endvidere valgt til forsamlingens præsident.

Møderne i kongerigets anden stænderforsamling afholdtes i Viborg på tidspunkter, der lå forskudt i forhold til møderne i Roskilde. Schouw kunne derfor vælges som præsident for begge forsamlinger. Han genvalgtes til denne post år efter år lige indtil 1842, hvor kongen og regeringen ønskede ham afløst, fordi han havde været for ivrig til at fremhæve stænderforsamlingernes selvstændighed. I årene

Botanikeren og politikeren, professor J.F. Schouw (1789-1852). Litografi af E. Bærentzen, 1840, efter maleri af Wilhelm Marstrand. Kgl. Bibliotek, Kort- og Billedafdelingen. Susette Schouw f. Dalgas (1798-1844). Litografi af E. Bærentzen, 1826, efter maleri af C.A. Jensen. Kgl. Bibliotek, Kort- og Billedafdelingen.

1848-49 var Schouw medlem af den grundlovgivende rigsforsamling og valgtes til præsident også for denne forsamling. Efter gennemførelsen af 1849-grundloven valgtes Schouw til Landstinget, hvor han var medlem indtil 1850, da han trak sig tilbage af helbredsgrunde. Schouw var altså en politiker, der nød tillid i brede kredse, ikke blot i Roskilde Stænderforsamling, men også inden for landspolitikken. Der er således ingen tvivl om, at han til og med forfatningsændringen spillede en ganske betydelig rolle på datidens politiske skueplads. Når Schouw ikke desto mindre i vore dage er næsten ukendt, kan det muligvis skyldes, at han er blevet overskygget af de politikere, der stod ved statens ror i de dramatiske årtier efter 1849. Selv om Grundtvig og Schouw, som det fremgår af bd. II af udgaven af Grundtvigs breve, har brevvekslet med hinanden, er dette ikke i sig selv vidnesbyrd om noget nært personligt forhold dem imellem. At der har været tale om et venskabsforhold fremgår imidlertid af tre kendsgerninger: At Grundtvig i 1844 skrev et digt i anledning af Schouws hustrus død, at Grundtvig i 1851 viede Schouws datter Georgia, og endelig at Grundtvig i 1852 var den, der begravede Schouw (KL s. 95-97). Et nærmere eftersyn af kilderne afslører da også hurtigt, at der var endnu flere tilknytningspunkter mellem de to. De havde en indlysende fælles interesse i folkeoplysning. Deres politiske standpunkter lå ikke langt fra hinanden; begge var svorne tilhængere af frihed i tanke, tro og tale, men begge var samtidigt på vagt over for revolutionær tøjlesløshed. Endelig fik de, som vi skal se, et gnidningsløst samarbejde i den udvidede slavekomite. Først og fremmest var det dog en bred kreds af fælles venner, der bandt dem til hinanden gennem lidt mere end tredive år. Det er allerede ovenfor beskrevet, hvorledes Grundtvig fra og med slutningen af 1830'erne blev stedse nærmere knyttet til miljøet omkring baron Stampe på Nysø. Med støtte dels i Rigmor Stampes vægtige udgivelse af *Baronesse Stampes Erindringer om Thorvaldsen* (1912), dels i de trykte og utrykte breve, der i tidens løb blev udvekslet mellem Grundtvig og Schouw, kan deres gensidige forhold beskrives forholdsvis udførligt. Først bliver det dog nødvendigt ganske kort at introducere de for Grundtvig vigtigste enkeltpersoner i dette miljø.

Som sognepræst i Præstø (1821-22) havde Grundtvig knyttet venskab med familien Stampe på Nysø, både med den "gamle" baron Holger Stampe (1754-1827) og med dennes søn Henrik Stampe (1794-1876). Sidstnævntes hustru var baronesse Christine Stampe (1797-1868), hvis søster var J.F. Schouws hustru, Susette f. Dalgas

Gid Die maa finde ligesaa trofast en Veninde

hvor Die kommer hen, men glem dog ikke derfor

Din Danske

Din hengivne Meta Grundtvig.

Sommeropholdene på Nysø fik væsentlig miljøskabende betydning ikke blot for de voksne gæster, men også for deres børn. Om venskabet mellem Grundtvigs datter, Meta, og J.F. Schouws datter, Georgia, vidner disse linier, som Meta skrev i Georgias poesibog ("Stambog"). Teksten lyder: "Gid Du maa finde ligesaa trofast en Veninde hvor Du kommer hen, men glem dog ikke derfor Din Danske, Din hengivne Meta Grundtvig". J.F. Schouws privatarkiv, Kgl. Bibliotek, Håndskriftsamlingen, NKS 4196 4°.

(1798-1844) – ikke at forveksle med niecen Susette Dalgas (1825-1889), der blev gift med den kendte skolemand professor Carl Mariboe (SfL s. 287-293). På Nysø mødtes ikke blot den ovenfor nævnte kreds af digtere og kunstnere, der er afbildet på Marstrands kendte tegning. Her mødtes også disses hustruer og børn. Den 19/7-1839 skriver Susette Schouw til sin ægtemand:

Her (dvs. på Nysø) er der fuldt af fremmede. Oehlenschläger og Pugaard var her i nogle Dage og rejste i Aftes ... Alle Grundtvigs ere her, saa man har altid nok at gøre med at klæde sig og med at spise ...[35]

"*Alle* Grundtvigs ..." dvs. fem personer, nemlig N.F.S., fru Lise og de tre børn Johan, Svend og Meta.

På Nysø var en flok jævnaldrende, som de tre Grundtvig-børn kunne have glæde af. Der var Henrik og Holger Stampe født henholdsvis 1821 og 1822, og der var de lidt yngre søstre Elisa og Jeanina. Desuden var der Schouws to børn Georgia og Titus. Da børnene i løbet af 1840'erne var blevet voksne, fortsatte de traditionen. Herom hedder det i den nævnte erindringsbog: "Det blev nu de unges tid. I 1847 samledes vennernes børn med husets egne børn på Nysø. Det var Grundtvigs, Schouws, Dalgas'ernes og en del andre" (R. Stampe s. 319).

Om vinteren fortsattes samværet i København, hvor man bl.a. kunne fejre nytår sammen. Om Nytårsaften 1843/44 hedder det i Christine Stampes erindringer, at "Grundtvig og Høyen med deres Koner og Stampe og jeg" efter aftensmaden tog hen og besøgte Thorvaldsen. Endvidere tog man sammen på udflugt og besøgte fælles venner og bekendte, f.eks. Ingemann og Hauch i Sorø. Herom skriver baronessen, at

Oehlenschläger, Grundtvig, Thorvaldsen, Stampe og jeg vare budne til Fadder hos Professor Hauchs i Sorøe ... Grundtvig døbte Barnet. Diner hos Hauch; om Aftenen i en Skov at drikke Thee. (Anf. skr. s. 37)

Af brevene fremgår, at venskabet mellem Grundtvig og Schouw ikke blot strakte sig over mange år, men at det også havde sine op- og nedture. Frem til midten af 1820'erne er forholdet efter alt at dømme harmonisk. I januar 1826 kan Schouw korrespondere med Grundtvig om den unge baron Stampes sygdom, hans "Tankeforvirring". I 1829 kom det imidlertid til et brud. Af Grundtvigs brev af 1/5-1829 til Schouw ses, at Stampe har skrevet til Grundtvig og udbedt sig en forklaring på, at han med sit skrift *Kirkens Gienmæle* (1825) havde angrebet professor H.N. Clausen. Grundtvig har svaret – i umisforståelige og ublide vendinger. Schouw har læst Grundtvigs brev og har derpå "lidenskabelig" fordømt Grundtvigs "Intolerance". Brevet af 1/5-1829 slutter med et farvel til Schouw:

Og nu Farvel! Det er en videnskabelig Vaar- og Fødselstid, hvori vi leve, og alle ærlige Mænd, der have Sands derfor, skulde stræbe at være saa meget Venner, og staae i saa levende Vexelvirkning som mueligt, og med Dem har det dobbelt smertet at komme ud af Berørelse, saa ere vi ikke Antipoder, mødes vi vel atter i Fædernelandets Vel ... (Breve II, s. 167-168)

De sidste linier antyder en mulighed for forsoning. Den kom nogle år senere. I 1836 sendte Grundtvig Schouw to eksemplarer af sin bog *Den danske Stats-Kirke upartisk betragtet* (1834). Grundtvig har åbenbart søgt at få Schouw interesseret i sagen om "Sogne-Baandets Løsning".

I 1838 kommer familierne atter sammen privat. I slutningen af et brev, som Susette Schouw den 25/11 skriver til Grundtvig, udtrykker hun det ønske, at når familien Schouw atter er samlet i København, at de da må have "den Fornøielse at see Dem og Deres her" (Fasc. 466.I.6). I løbet af 1840'erne bliver venskabet uddybet på baggrund af sørgelige og glædelige begivenheder. Til de sørgelige hører fru Susettes død i 1844; til de glædelige hører, at Grundtvig konfirmerede Schouws to børn (jf. Fasc. 466.I, 4-5) og siden viede Georgia Schouw. Til genoprettelsen af venskabet hørte imidlertid også samarbejdet i slavekomiteen fra 1843 og fremefter.

Slavekomiteen reorganiseres

Blandt *J.F. Schouws* papirer på Rigsarkivet findes et læg i folio med blyantpåtegningen "Stændersag. Negerslavernes Frigivelse". Det ældste aktstykke er her en skrivelse dateret 24/9-1843 fra J.F. Schouw "til Professor, Raadmand David, Pastor Grundtvig og Pastor Raffard". Teksten lyder som følger:

Englænderen Alexanders Artikel i Dansk Ugeskrift om Negerslaveriets Ophævelse i Dansk Vestindien og Forfatterens Samtale med mig om denne Gienstand har ledet mig til nærmere at overtænke Sagen, og jeg er dermed kommet til det Resultat: at der vel nok kunde være noget at giøre foruden Behandlingen giennem Pressen. –

Førend jeg imidlertid giør noget Skridt i saa Henseende, er det naturligt, at jeg henvender mig til de tre Mænd, som under Alexanders tidligere Ophold her lovede at virke for Sagen, med Anmodning om et Møde, hvori den (dvs. sagen) kunde blive Gienstand for fælles Overveielse. I denne Overveielse ønskede jeg ogsaa at Magister Monrad maatte deeltage; det var ham, der førte Alexander til mig, og han interesserer sig varmt for dette Anliggende. –

Kiøbenhavn d. 24de Septbr. 1843

ærbødigst, Schouw

Til skrivelsen er føjet følgende påtegninger:

David: vil "med Fornøielse" deltage i mødet. Meddeler mulige dage.

Grundtvig: "ogsaa jeg deltager med Fornøielse, og skiøndt Torsdag i denne Uge mindst passer mig, haaber jeg dog at kunne møde til hvilken Tid, det ellers bedst kan være.

25de Septbr. N.F.S. Grundtvig".

Raffard: Vil ligeledes gerne deltage, men tilføjer, "at det paa Torsdag den 28de er Pastor Grundtvigs Sølvbryllupsdag, og Prof. Nissens Jubilæums-Dag".

På bagsiden opsummerer Schouw derpå:

Da det efter ovenstaaende neppe vil være beleiligt at mødes Torsdag eller Fredag – (og) da jeg ikke bør indbyde d'Hr Pastorer til et Møde Løverdag Eftermiddag – saa foreslaaes Tirsdagen d. 3. Octbr kl 5 a.M. og mødes hos mig, hvis ikke et andet Sted maatte være beqvemmere. – Pastor Raffard, som udenbyes, bedes først at paategne.

d. 27 Sept. 1843, Schouw

Påtegninger: Raffard kan, ligeledes Grundtvig. David foreslår onsdag. Raffard kan, ligeledes Grundtvig. Schouw konkluderer, at onsdag den 4. oktober kl. 5 dermed er fastsat og tilføjer, at også magister Monrad vil deltage. David bekræfter, ligeledes Grundtvig.

Raffards første påtegning rejser et par biografiske spørgsmål. Torsdag den 28. september 1843 var ikke Grundtvigs sølvbryllupsdag, men Lise Grundtvigs fødselsdag. Da Grundtvig imidlertid på bryllupsdagen den 12. august stadig var i England,[36] er det sandsynligt, at man har fundet det praktisk at henlægge markeringen af sølvbrylluppet til Lises fødselsdag. Den jubilerende "Prof. Nissen" var rektor for Metropolitanskolen, dr.phil. og titulær professor Niels Lang Nissen, der den 28/9 havde været lærer ved skolen i 50 år (*Berlingske Tidende* 29/9-1843). D.G. Monrads betydningsfulde politiske indsats lå i 1843 stadig et stykke ude i fremtiden, i tiden efter 1848. Han var først i 1839-40 begyndt for alvor at interessere sig for politik (Nyholm s. 45, 50), og han blev derefter inddraget i det liberale miljø. I 1842 skrev han en dygtigt formuleret kritik af myndighedernes behandling af baptistsagen. Når Schouw ønskede at inddrage Monrad i den udvidede slavekomite, kan det skyldes dette sværdslag for ret og frihed. Det kan også skyldes, at Schouw har haft en sikker fornemmelse af Monrads exceptionelle evner og har haft tillid til, at han var "a coming man".

Man må antage, at mødet er gennemført som planlagt, samt at det som af Schouw foreslået har fundet sted "hos mig", dvs. i Schouws embedsbolig på Charlottenborg. I 1841 var han blevet udnævnt til direktør for Botanisk Have, som den gang lå bag ved Charlottenborg.[37] I tidsangivelsen "kl 5 a.M." betyder "a.M." naturligvis ikke "ante meridiem", jf. forkortelsen a.m. i moderne engelsk. I så fald skulle de have mødtes kl. 5 om morgenen i buldermørke! Schouw, der havde studeret i Frankrig, bruger her den franske forkortelse for "après Midi", dvs. eftermiddag.

Så vidt de ydre omstændigheder. Mødets formål har været at forberede et politisk initiativ via Stænderforsamlingerne, der mødtes hvert andet år; næste "Session" indtrådte i 1844-45. Det første skridt kunne derfor passsende tages i efteråret 1844.

DET FØRSTE ARBEJDSÅR 1844-45

En petition fremsendes

Hen på efteråret 1844 genoptog slavekomiteen sit arbejde. Den 13. oktober skrev David til Schouw og meddelte, at han havde overvejet, om det var hensigtsmæssigt at indbringe sagen for Stænderforsamlingen i nærværende "Session". David mener, at det kan blive yderst vanskeligt at samle den nødvendige "Majoritet". Han foreslår derfor at udsætte sagen til den følgende samling. Hvis kollegerne i komiteen er af anden mening, vil han dog efter bedste evne støtte sagen. Til sidst understreges, at andragendet skal indsendes snarest muligt, dersom det skal nå at komme til behandling.

Som det vil erindres, var Schouw i 1844 ikke længere medlem af Roskilde Stænderforsamling. Det blev derfor David, valgt som deputeret for hovedstadens borgere, der fik til opgave at fremføre petitionen i forsamlingen. Davids brev giver Schouw anledning til straks at formulere et udkast, hvis indhold gengives efter manuskriptet i Schouws arkiv.

Udkastet er et omfattende dokument på 11 folio-sider. Nederst på sidste side finder man dateringen "20. Octb. 1844". Indlednings-vis henvises til afdøde grev Holsteins forslag fremført i 1835. Schouw går derpå over til at begrunde, at komiteen har fundet anled-ning til at genoptage sagen netop nu:

At netop vi blandt de mange, som dele denne Overbeviisning (dvs. grev Hol-steins overbevisning) ere fremtraadte, er nærmest foranlediget ved en Anmod-ning om efter Evne at virke til Slaveriets Ophør, som er giort af Englænderen Alexander, en Udsending og respekteren (sic!) Medlem af et Selskab, der med en sielden Iver og utrættelig Opoffrelse har arbeidet mod Slaveriet og Slavehan-delen, og hvis Bestræbelser allerede haver baaret saa herlige Frugter. (s.1r-1v)

Schouw udtrykker derpå glæde over regeringens seneste initiativer, men han er dog overbevist om, at disse "ere aldeles utilstrækkelige til Øiemedets Opnaaelse" (1 v2). I den resterende del af skrivelsen gen-nemgås de argumenter, der er fremført *imod* en ophævelse af slaveri-et: De økonomiske konsekvenser for "Planterne", frygten for volds-handlinger ved en eventuel frigivelse, erstatning til "Planterne" og hensynet til sukkerproduktionen. Heroverfor argumenteres bl.a. ud fra erfaringerne med frigivelse på de britiske vestindiske øer. I slutaf-snittet henvises til den stolte danske frihedstradition med vorned-skabets og stavnsbåndets ophævelse. Nu gælder det "den afskyelige Negerhandels Ophør". Det er på den baggrund, at man henvender sig til folkets kårne mænd med henblik på at ansøge kongen om *"snarest muligt at iværksætte Negerslaveriets fuldkomne Ophør paa de danske vestindiske Øer"*.

Skrivelsen må være rundsendt til kommentar og underskrift blandt komiteens medlemmer allerede den 21/9, idet Raffard i et

117

notat af denne dato erklærer, at skrivelsen "synes mig i enhver Henseende passende". Senest den 22/10 er skrivelsen nået frem til David i Roskilde. I et brev af 23/10 meddeler han til Schouw, at han "igaar" modtog brevet "Slaveemancipationen betræffende". Han har nu underskrevet og afsendt andragendet. "Idag", dvs. 23/10, er det blevet "anmeldt" for forsamlingen.

En uges tid senere, den 29/10, skriver David til Schouw, at nogle af forsamlingens medlemmer, "og blandt dem nogle af de mest betydende", mener, "at denne Sag i denne Session, hvor den indre Politik absorberer næsten alle Kræfter, ikke vil nyde den tilbørlige Fremme". Under disse omstændigheder vil det være tilrådeligt at trække andragendet tilbage i denne omgang. David vil dog ikke foretage sig videre, før han har hørt "de øvrige Herrers Formening herom". Således foranlediget skriver Schouw omgående, dvs. den 30/10, til Grundtvig, Monrad og Raffard:

Mine ærede Medpetitionairer bedes yttre Dem om medfølgende Skrivelse. Fra min Side kan der ikke være Tale om at tage Forslaget tilbage. – At den indre Politik vilde sysselsætte Forsamlingen, vidste vi for 8 Dage siden ligesaagodt som nu. Svaret ønskes afgivet saa betids, at jeg endnu i Dag kan skrive til Roskilde.

d. 30. Oktb. 1844
Schouw

Påtegninger:
Grundtvig: "er naturligvis af samme Mening".
D.G. Monrad: "aldeles enig med Prof. Schouw".
Raffard har ikke påtegnet. Enten er han bortrejst, eller han har anset sin ovenfor citerede erklæring for tilstrækkelig.

På baggrund af disse udtalelser har Schouw slutpåtegnet Davids brev således:

I Anledning af Deres Skr. af Gaars Dato undlader jeg ikke at melde, at vi ikke kunne indlade os paa at tage vor Petition om Neger-Emancipationen tilbage eller i saa Henseende at gaae ind paa nogenslags Accord, men forvente at De, hvad enten De vil understøtte den eller ikke, i Henhold til § 68 i Fd 15 Mai 1834 forelægger den til Stænderforsamlingens Afgørelse.[38]

Det har David så gjort.

Optimistisk mellemspil

Sagens gang kan herefter følges i "Stændertidende", som var den sædvanlige forkortelse for *Tidende for Forhandlingerne ved Provindsialstænderne for Sjællands, Fyens og Lolland-Falsters Stifter samt for Island og Færøerne.* Det er ikke her stedet at citere og drøfte de forskellige synspunkter, der kom frem under sagens behandling i stænderforsamlingen. Opmærksomheden skal samles om de forløb og beslutninger, der direkte vedrører komiteens indsats.

Under 23. oktober 1844 meddelte forsamlingens nye præsident, professor H.N. Clausen, at han blandt "private Andragender" havde modtaget følgende:

Professor David: Andragende fra ham selv, Pastor Grundtvig, Magister Monrad, Pastor Raffard og Professor Schouw om snarest muligt at iværksætte Negerslaveriets fuldkomne Ophør paa de danske vestindiske Øer. Endvidere meddelte Præsidenten, at han fra Professor David til Fordeling iblandt Forsamlingens Medlemmer, havde modtaget Exemplarer af et Skrift af G.W. Alexander: Om den moralske Forpligtelse og det Hensigtsmæssige af strax og fuldstændigt at ophæve Slaveriet i de danske vestindiske Colonier. (sp. 659)

Lidt senere på samme møde oplæste David andragendet (sp. 999-1006), der underskrives:

Kjøbenhavn den 20de October 1844

C. N. David   Grundtvig

Professor og Raadmand   *Præst*

D.G. Monrad   Raffard   Schouw

Mag.artium   *Pastor*   *Professor*

Efter at forskellige synspunkter var kommet til orde, vedtog man den 31/10 enstemmigt "at nedsætte en Comitee i Anledning af Andragendet", dvs. et udvalg der kunne fremkomme med et begrundet forslag til vedtagelse (sp. 1010). På det følgende møde vedtoges, at medlemmerne af denne "Comitee" skulle være "Grev Knuth og Biskop Mynster ... og Major Prætorius".[39]

Indtil videre havde forløbet været tilfredsstillende for forslagstillerne. I Grundtvigs arkiv (Fasc. 448.1.c.III) er bevaret et brev dateret 4/11-1844 fra Schouw til Grundtvig. Brevet lyder:

Trods Davids Spaadom er Neger-Sagen gaaet til Comitee *enstemmigen*. Denne bestaaer af Biskoppen, Grev Knuth og Major Prætorius. – Det vilde vist være rigtigt at meddele Alexander vor Petition til Antislavery Reporter. Er der ingen af Deres Bekiendter, som vil oversætte den paa Engelsk?

Deres, Schouw

Schouws optimisme er tydeligt nok begrundet i enstemmigheden. Derimod har han tilsyneladende ikke gjort sig nogen tanker om, hvilken velvilje – eller det modsatte – de tre medlemmer af "Comiteen" måtte have over for petitionen.

I begyndelsen af november, mens Grundtvig med sine "Bekiendter" drøftede oversættelsesopgaven, har BFASS' styrelse besluttet atter at henvende sig til den danske komite. Man har åbenbart fået underretning om, at noget vigtigt nyt var under opsejling, og det ville man gerne vide mere om.

Selskabets nye sekretær, John Scoble, skriver derfor følgende brev, der findes i Grundtvigs arkiv:

British & Foreign Anti Slavery Society
27 Broad Street, London, Nov. 12. 1844

Dear Sir,

At a recent meeting of the Committee of the British & Foreign Anti-Slavery Society, the Committee was deeply impressed with the advantages likely to result for the cause of Emancipation from that measure being proposed & advocated – in the legislative assemblies of countries possessing slave colonies. If I am not mistaken, a meeting of the "states" was lately to assemble at Copenhagen, should it be in session, the comee (= the Committee) will be glad to know what steps are taken by yourself & other friends of the Slave resident at or now in Copenhagen, where the subject of the immediate & entire abolition of slavery in the Danish West India Colonies (is) brought under the notice of the States, and they (dvs. BFASS-komiteen) will also feel obliged by your giving them any information relative to the result of such proceedings. I believe that you will not consider it needful for me to make any apology for thus addressing you.

The Comee (= the Committee) feel that with the knowledge, which they possess of the dreadful evils inseparable from Slavery – a knowledge more particularly acquired during the struggle for the termination of that iniquitous system in the British colonies – they cannot do less than use their best efforts to promote the cause of Emancipation in every country implicated in the sanction of Slavery.

In so doing, they disclaim any intention of interfering with polities or party considerations. They believe that the object for which they are <p. 2> associated is one which the wise and good of all political parties must alike desire to accomplish.

I may be permitted (the) further remark that the Committee are by their fundamental rules restricted in their endeavour to promote the object they have in view by means exclusively of a moral, religious and pacific character. In the energetic & persevering use of such means by yourself & other friends of the Slave in Denmark, the Comee (= the Committee) cherish the hope that the day is not distant, when you will rejoice in the abolition of Slavery in the British West India Islands, and when with Emancipation there shall be experienced in those interesting regions a state of happiness, prosperity & intellectual & moral improvement, which it would be vain to expect under the unjust, unpolitic & debasing system of Slavery.

I am, Dear Sir,

Yours respectfully

John Scoble

Secretary[40]

Brevet rejser en række spørgsmål vedrørende dets anledning, adressat og indhold. Anledningen har næppe været en rapport fra den hjemvendte Alexander vedrørende mødet med Schouw, hvis interesse for slavesagen de to udsendinge ifølge Wiffens rapport fra 1843 jo ikke vurderede højt; endvidere havde Alexander på det tidspunkt, hvor brevet skrives, 12/11-1844, været hjemme i over et år. Anledningen kan snarere tænkes at være en kortfattet pressemeddelelse. Hvad adressaten angår, virker det umiddelbart overraskende, at BFASS henvender sig hverken til Schouw eller til David, men til Grundtvig. Schouw var dog den, der havde taget det politiske initiativ. David var ikke blot BFASS' gamle ven, men havde tillige på bedste måde hjulpet Alexander under begge besøg i København. Når Scoble ikke desto mindre adresserer brevet til Grundtvig, er årsagen sandsynligvis at søge i det forhold, at Scoble var ny i jobbet. Som enhver nytiltrådt sekretær vil gøre i en lignende situation, er Scoble gået tilbage i arkivet og har set, at forgængeren J.H. Tredgold i 1841 havde skrevet til Grundtvig. Altså skønner Scoble, at så kan også han roligt sende sit brev til pastor Grundtvig i København.

Og nu til indholdet. Når det indledningsvis nævnes, at BFASS' styrelse er blevet "deeply impressed" af nyhederne fra Danmark, må det skyldes, at man har fået at vide, at der var taget politisk initiativ til "strax og fuldstændigt at ophæve Slaveriet i de danske vestindiske Colonier", som det hed i referatet fra *Stændertidende*. Derefter har usikkerheden meldt sig, jf. vendingen "if I am not mistaken". Usikkerheden skyldes rimeligvis, at kilden har oversat "Stænderforsamling" med "States", et ord man derfor i første omgang skriver med anførselstegn. Man kan altså ikke gennemskue, om der er tale om et internt dansk initiativ, eller om en international konference. Det man nok regner med – og måske håber på – er, at der er tale om det sidste. Det fremgår ikke blot af det indledende "deeply impressed", men også af flertalsformerne "countries" (første afsnit) og "every country" (andet afsnit). Endelig ville det jo være det mest passende, at en international konference holdtes i hovedstaden "Copenhagen", der nævnes to gange, og ikke i en ganske ukendt provinsby. Men helt sikker er man ikke.

Hvad man derimod er sikker på er, at et nyt og tilsyneladende omfattende politisk initiativ bør følge BFASS' grundlæggende principper. Derfor gør man sig umage med i sidste afsnit at understrege, at man håber på, at sagens venner vil kunne gennemføre slavefrigørelsen udelukkende på grundlag af tiltag "of a moral, religious and pacific character".

Grundtvig besvarede ikke dette brev. Det var heller ikke nødvendigt, idet Raffard på komiteens vegne allerede i et brev af 20/11 kunne give BFASS besked om sagens første behandling i Stænderforsamlingen. Hans brev er hurtigt nået frem til London, idet *Anti-Slavery Reporter* allerede en uge senere, den 27/11, kunne bringe følgende meddelelse:

We learn with pleasure that an Anti-Slavery Committee has been formed in the city of Copenhagen. On the 31st of October this body presented to the provincial states a petition, asking for the emancipation of the slaves in the Danish West India colonies at the earliest possible period. The petition was not resisted by the commission (the organ of government). It was received by the assembly, and referred unanimously to a Committee, which will hereafter make its report.

(ASR 1844, p. 224)

BFASS, der af Raffards brev har fået udførlig og præcis besked, og derfor ikke længere behøvede at spekulere over, hvad det nye initiativ gik ud på, kunne herefter sende den danske slavekomite følgende brev, der findes i Schouws arkiv:

27 New Broad Street London

December 10 – 1844

My Dear Sir

I have the satisfaction of acknowledging your letter of 20th ultimo, by which I am pleased to learn that a Committee has been formed at Copenhagen to promote the Emancipation of the Slaves in the Danish Colonies. Your Communication will shortly come under the notice of the Committee of the British & Foreign Anti Slavery Society – to whom I am sure that it will also give much satisfaction.

I have communicated the contents to our esteemed friend Mr. G.W. Alexander, to whom it is very enjoyable that the names of the members of the committee are those of the Gentlemen, with whom he had the pleasure of becoming acquainted when at Copenhagen. I cannot doubt, but that your Petition to the Provincial States for the freedom of the slaves in the West India Colonies belonging to Denmark will be productive of much good, especially if it be followed up by other measures having the same tendency. The reception appears to have been as favourable as could be in the first instance have been anticipated there being no opposition either by the Government, or the assembly to which it was addressed. I hope that the Committee which has been appointed to take the matter into consideration will do justice to the important subject entrusted to them. I wait with much interest <s. 2> an account of further proceedings in reference to the prayer of the Petition of the States, and shall be obliged by a translation, which you have promised to send.

Wishing you an entire and speedy success in your efforts on behalf of those who groan under an unrighteous bondage

I am, Dear Sir

Yours respectfully

John Scoble

Secretary

Udskrift: Monsieur le Pasteur Raffard, Copenhagen Via Hamburgh

Det bemærkes, at det samme ord bruges om tre forskellige komiteer: Først den "Committee", der udgør BFASS' forretningsudvalg, og dernæst nævnes BFASS' danske kontaktorgan, den udvidede slavekomite. Til sidst omtales den komite, som Stænderforsamlingen har nedsat. I sin substans holder brevet sig i øvrigt ret tæt op ad den trykte meddelelse i ASR. Den lovede oversættelse af petitionen er ankommet til London i sidste halvdel af december. Teksten, der tryktes i det nummer af ASR, der udkom den 8/1-1845, var underskrevet af

C. N. David, Professor and Councillor.

Grundtvig, Parish Priest.

D. G. Monrad, Mag. Artium.

Raffard, Pastor

Schouw, Professor.

Copenhagen 20th October, 1844.

Om teksten oplyses:

Translated from the Danish motion, which was read in the Assembly at the States of Roskilde, on the 31st October, by Professsor David, one of the Deputies chosen by the citizens of Copenhagen. (ASR 1845, pp. 2-4)

Petitionens offentliggørelse i ASR medførte, at der et par uger senere, den 22/1-1845, fremkom en kort notits med tak til andragendets underskrivere, samt mindeord om afdøde grev Holstein, der var den første, der rejste sagen i Stænderforsamlingen. Dog er hans arbejde nu ført videre:

It is no small consolation in contemplating this loss, to look at that little band of abolitionists in the Danish capital, who have resumed the work so nobly commenced by Count Holstein. (ib. p. 13)

På dette tidspunkt havde udviklingen i Danmark imidlertid allerede overhalet disse optimistiske udtalelser og indtil videre gjort dem uaktuelle.

Bagslaget rammer

Den 20/12-1844 på et af de sidste møder inden sessionens afslutning vedtog Stænderforsamlingen, efter indstilling fra det nedsatte udvalg, at afvise sagen. Begrundelsen blev givet af grev Knuth, der ifølge referatet i *Stændertidende* udtalte følgende:

Som Medlem af den Comitee, som har været nedsat til at udarbeide Forslag om Negerslavernes Emancipation skal jeg paa Comiteens Vegne tillade mig at bemærke, at den ikke har seet sig istand til at skaffe de Oplysninger i Sagen, som maatte ansees nødvendige for at levere et fyldestgjørende Arbeide. Comiteen har gjort sig megen Umage for at sætte sig ind i disse Forhold, og for at faae adskillige Oplysninger indhentede fra sagkyndige Mænd. Men det vil vistnok let kunne indsees, at Comiteens Medlemmer ikke selv have havt specielle Kundskaber om disse Forhold, og den har derfor ikke havt faa Vanskeligheder at overvinde. Derfor er det Hensyn blevet overveiende i Comiteen, at denne vigtige Sag ikke burde komme under Forhandling, naar den ikke kunde levere et Arbeide, som den i alle Henseender kunde have Tillid til at være fyldestgjørende. (sp. 3977)

Hermed var Stænderforsamlingen indtil videre ude af billedet. Spørgsmålet var nu, hvad den danske slavekomite kunne og burde gøre. Nytårsdag den 1. januar 1845 skriver Schouw til David, Grundtvig, Monrad og Raffard og spørger, om det ikke vil være rigtigt at orientere BFASS om sagens udfald. Ved samme lejlighed kunne man meddele BFASS, at det ikke er så ligetil at imødekomme selskabets ønske om konkrete oplysninger vedrørende forholdene på de dansk vestindiske øer. Schouw drøfter derpå spørgsmålet om, hvorvidt man skal imødegå den kritik, der er rejst af sagens modstandere. Under alle omstændigheder vil han selv og Monrad fremsende materiale "til de af os redigerede Blade". Det andet, man kan gøre, er "i 1846 at forny vor Petition". Brevet til BFASS kan sendes af "Pastor Raffard, der tidligere har corresponderet med Secretairen".

Påtegninger:
Monrad bemærker, at man burde spørge talsmanden for stænderforsamlingens komite om "hvilke Oplysninger, der savnedes", således at man kan søge at fremskaffe disse.
David erklærer sig enig med Monrad, men tilføjer, at den pågældende komite ikke længere består, således at man ikke kan spørge

denne. Derfor skal man alligevel bestræbe sig på at fremskaffe oplysninger "om Slaveriets og Productionens Tilstand paa vore Øer". *Raffard* spørger først, om han kan fortsætte med at skrive på fransk. Dernæst erklærer han sig villig til at samarbejde med Schouw om at skaffe artikler til "le Ugeskrift", dvs. til det af Schouw redigerede *Dansk Ugeskrift*. *Grundtvigs* påtegning er den udførligste af de fire. Den lyder:

Jeg kan naturligviis ikke have noget imod, at Petitionens sørgelige Skæbne meddeles Antislaveri-Selskabet, men i formildende Udtryk kan jeg ikke have Deel, da Indtrykket paa mig selv er, at man i Roeskilde har behandlet Sagen, eller rettere ladet den ubehandlet med meer end Ligegyldighed, og jeg maatte kiende Engellænderne meget slet, om de ikke, trods Alt hvad der tilføiedes, vilde føle med mig, at en Debat, hvorved Sagen var kommet tilkort, vilde været langt at foretrække for en saadan Henviisning til Comitee og en saadan *ustraffet* Affærdigelse under intetsigende Paaskud.

Offentlig at spørge Gr(ev) Knuth, der gjorde sig til Organ for denne besynderlige Afviisning, hvad det var for Oplysninger, man savnede og ei engang fandt værd at nævne, synes mig derimod kunde hverken være upassende eller uden al Nytte; thi i alt Fald viste det dog, at vi ikke deelde Ligegyldigheden.

Slutpåtegning fra Schouw har i dette tilfælde ikke været påkrævet, da komiteen havde erklæret sig enig med hensyn til de vigtigste tiltag. Schouw er derfor i løbet af den kommende måneds tid gået i gang med at udfærdige rapporten til BFASS. I hans arkiv er bevaret et udateret udkast til en sådan skrivelse. Her opsummeres sagens gang, og det meddeles, at man agter at forny andragendet i 1846. I den mellemliggende periode vil man gøre, hvad man kan for at vække og vedligeholde offentlighedens interesse for sagen. Hvad angår BFASS' ønsker om oplysninger om forholdene på de dansk vestindiske øer, anføres de vanskeligheder, der kan være forbundet med at indhente sådanne. Men i stedet for at beklage denne afmagt anmoder Schouw BFASS om at være den danske komite behjælpelig med hensyn til at fremskaffe ajourførte oplysninger om emancipationssagens udvikling. Her røber den dygtige politiker sine taktiske evner. Han spiller bolden over på modpartens banehalvdel! Senest i marts 1845 er Raffard gået i gang med at oversætte skrivelsen. I et brev dateret 18/3-1845 skriver han til Schouw, at han nu vil samle al opmærksomhed om denne opgave: "Je me bornera vous envoyer le traduction demandé", altså: "Jeg vil begrænse mig til at sende Dem den ønskede oversættelse". I april blev skrivelsen underskrevet og afsendt.

UDFALDET RAPPORTERES TIL BRITISH AND FOREIGN ANTI-SLAVERY SOCIETY

Slavekomiteens skrivelse

Skrivelsens tekst har hidtil været kendt i to versioner: (a) en dansk version trykt i det af Schouw redigerede *Dansk Ugeskrift* den 25/4-1845 (s. 46-47), samt (b) et kort referat trykt den 30/4-1845 i *Anti-Slavery Reporter* (1845 p. 84). Den danske version er utvivlsomt identisk med den tekst, der i marts 1845 blev oversat af Raffard. Selve den afsendte skrivelse har imidlertid ikke været kendt, før den i november 2001 blev fundet i BFASS' arkiv i Rhodes House Library, Oxford.[41] Denne originale skrivelse er ligesom den danske gengivelse dateret den 15/4-1845 og er underskrevet af komiteens medlemmer, idet dog David ikke har skrevet under på grund af bortrejse.

Skrivelsen består af to sider i kvart format. Den første side er i en sørgelig forfatning. Siden er revnet, plettet og tildels overklistret med ikke-gennemsigtig klæbestrimmel. Læsningen er derfor vanskelig og på sine steder umulig. At det netop er skrivelsens første side, tidens tand har behandlet så grusomt, er et held i uheld, idet indholdet er velkendt. Her bringes – helt i overensstemmelse med det danske grundlag – først en kort optakt, hvor bl.a. medlemmerne af Stænderforsamlingens komite præsenteres. Derpå citeres grev Knuths erklæring af 20/12-1844, ord for ord som ovenfor gengivet. Sideskift finder sted midt i citatets sidste sætning.

Efter denne omhyggelige redegørelse for baggrunden for afslaget på petitionen følger på resten af anden side slavekomiteens kommentar til situationen. Denne del af skrivelsen er den mest interessante. Også derfor er det heldigt, at det netop er side 2, der er bedst bevaret. Teksten skal herefter gengives så godt som det er muligt, først i dens originale version på fransk, derpå den danske version, der, som vi skal se, kom til at spille en rolle i det videre forløb.

Monsieur Scoble, Secrétaire de la Société Contre l'esclavage

Monsieur

Vous connaissez la pétition que nous adressâmes en Octobre 1844 aux États Provinciaux assemblés à Roeskilde; vous savez aussi l'acceuil, que cette pétition y reçut.

Le Comité chargé d'en faire un rapport, était composé de l'Éveque Mynster, du Comte Knuth & du Major Prætorius. Le second de ces Messieurs s'est exprimé comme suit dans l'avant dernière séance des États, le 20 Décembre:

'Comme membre du Comité, auquel a éte envoyée une proposition sur l'émancipation des nègres esclaves, j'observerai au nom de ce comité qu'il n'a pu se procurer sur ce sujet les renseignements réputés nécessaires pour presenter un travail complet. Le Comité s'est donné beaucoup de peine pour se mettre au fait de l'état des choses & obtenir divers éclaircissements de la part d'hommes compétents. Mais on comprendra, sans doute aisément, que les membres du Comité n'ont pas eux-mêmes une connaisance spéciale de l'état des choses de qu' ... (? ulæseligt) ... leur a fallu combattre bien des difficultés. C'est ... (overklæbet) ... dans le Comité que cette question ... (overklæbet) ...

« livrer un travail qui passât sous tous les rapports pour accomplir le tâ

« che qui lui avoit été confiée. »

Bien que le résultat de notre tentative soit peu satisfesant, néanmoins nous avons l'intention de renouveller la pétition dans la séance prochaine des États en 1846. En attendant nous nous efforçons d'un côté d'entretenir l'intérêt du public pour cette cause dans la littérature périodique, de l'autre d'acquérir les éclaircissemens qui pourroient être utiles.

Ces éclaircissemens ne sont point faciles à obtenir, parce que la population dans nos îles se compose en plus grande partie d'étrangers & parce que les employés Danois dans cette petite colonie se rendent difficilement à faire les communications sur cet objet. Aussi nous seroit-il d'autant plus précieux de recevoir sur les esclaves & leur situation aux Antilles Danoises les faits dont la suite pourroit être en état de nous procurer la connoissance.

Monsieur le Professeur David ne signe pas avec nous parce qu'il est momentanément absent

Nous restons vos fidèles & dévoués Associés

Grundtvig *OlMonrad* *Raffard* *Schouw.*

Copenhague 15 Avril 1845

Anden side af skrivelse dateret 15/4-1845 fra den danske slavekomite til British and Foreign Anti-Slavery Society. BFASS' arkiv, Rhodes House Library, Oxford.

ité (sandsynligvis: Comité) ne pouvons <p. 2> livrer un travail, qui passât dans (?? Overrevet. sans?) tous les rapports pour accomplir la tâche qui lui avait été confiée'.

Bien que le résultat de notre tentative soit peu satisfiant, néanmoins nous avons l'intention de renouveller la pétition dans la séance prochaine des États en 1846. En attendant nous nous efforçons d'un côte: d'entretenir l'interêt du public pour cette cause, dans la littérature périodique, de l'autre d'acquérir les éclaircissements qui pouvaient être utiles. Ces éclairissemens ne sont faciles à obtenir, parce que la population dans nos îles se compose en plus grande partie d'étrangers & parce que les employés Danois dans cette petite colonie se décident difficilement à faire des communications sur cet objet. Aussi nous serait d'autant plus précieux de recevoir sur les esclaves & leur situation aux Antilles Danoises les faits dont la société pourait être en état de nous procurer la connaisance.

Monsieur le Professeur David ne signe pas avec nous parce qu'il est momentanément absent.

Nous restons vos fidèles & dévoués Associés

(sign.)   *Grundtvig*   *D.G. Monrad*   *Raffard*   *Schouw*
Copenhague 15 Avril 1845

Den danske version i *Dansk Ugeskrift* 1845 (s. 46-47) skal herefter anføres, dog således at grev Knuths udtalelse, der allerede er citeret ovenfor s. 126-127, udelades.

Brev til Sectretairen for Anti-Slavery-Society
fra den danske Comitee for Negerslavernes Frigivelse
Det er Dem bekjendt, at vi i October f.A. til Provindsialstænderne i Roeskilde indgave en Petition om Slaveriets Ophør paa de dansk vestindiske Øer og at Stænderne i den Anledning nedsatte en Comitee. Denne bestod af Biskop *Mynster,* Grev *Knuth* og Major *Prætorius. ...*

<s. 47> Med Hensyn til dette Sagens lidet heldige Udfald agte vi at fornye Petitionen i næste Session 1846 og imidlertid bestræbe os for deels gjennem den periodiske Literatur at vedligeholde Publikums Interesse for Sagen, deels at erhverve de Oplysninger, som kunde gavne den. Disse er det imidlertid ikke saa let at erholde, fordi Befolkningen paa vore Øer for største Delen ere Udlændinger og de danske Embedsmænd i denne lille Coloni vanskeligen ere til at formaae til at give Meddelelser om denne Gjenstand. Det vilde desaarsag være os særdeles velkomment at modtage de Oplysninger om disse Forhold paa vore Øer, som Selskabet maatte kunne være istand til at forskaffe os.

Kjøbenhavn den 15de April 1845

Grundtvig   Monrad   Raffard   Schouw*

*) Professor Davids Underskrift mangler, fordi han var fraværende, da Brevet afgik.

Af poststemplerne på omslaget fremgår, at brevet først er afgået den 21/4, altså næsten en hel uge senere. Det skyldes ikke, at man har ventet på, at den bortrejste David skulle komme hjem. Det indtryk kunne man ellers få af den fodnote, der afslutter brevets offentliggørelse i *Dansk Ugeskrift*. Men, som det fremgår af den gengivne franske original, er forklaringen på at David ikke underskriver, *indskrevet i selve brevet* før den afsluttende hilsen "Nous restons vos fidèles & dévoués Associés etc". Den 15/4 har man altså vidst, at David på grund af bortrejse ikke kunne medunderskrive. Forsinkelsen må altså have en anden forklaring. Det vil ikke være urimeligt at antage, at det er de to første underskrivere, Grundtvig og Monrad, der har forsinket afsendelsen. Men længere end til et sådant gæt kommer man næppe.

133

Grev Knuths replik

Til gengivelsen af skrivelsen i *Dansk Ugeskrift* kunne redaktøren, J.F. Schouw, ikke dy sig for at tilføje følgende let syrlige efterskrift:

Ved at meddele ovenstaaende Skrivelse kan Redacteuren ikke tilbageholde den Bemærkning, at det vilde være meget ønskeligt, at den Roeskildske Comites Medlemmer og navnligen Grev Knuth vilde meddele den ovennævnte Comite, hvilke Oplysninger det var, som man i Roeskilde savnede, og om Comiteen i saa Henseende forgjeves har henvendt sig til den kongelige Commissarius. Muligen kunde nemlig da inden næste Session de saaledes ønskede Oplysninger lettere tilveiebringes. (s. 48)

Når bemærkningen "navnligen" adresseres til grev Knuth, skyldes dette naturligvis, at det var ham, der var fremtrådt som talsmand for den komite, Stænderforsamlingen havde nedsat. Med fuld ret sætter Schouw fingeren på det ømme punkt i den grevelige udtalelse: At man ikke havde haft adgang til tilstrækkelige og pålidelige oplysninger om sagen. Greven kunne ikke være uvidende om, at sådanne oplysninger forelå i rigt mål og forelå offentligt tilgængelige på dansk. Som oven for nævnt havde Stænderforsamlingens medlemmer ved sagens fremlæggelse fået udleveret Alexanders grundige pjece på ca. 25 sider, en udførlig, ajourført redegørelse og tilmed af et omfang, der ikke burde kunne afskrække nogen stænderdeputeret.

Fremdeles: For den der ville vide mere, havde *Dansk Ugeskrift* i det år, der gik forud for petitionens fremlæggelse, trykt en række meget udførlige artikler om slavesagen:

6/10-1843: Uddrag af Beretningen fra den Komité, som af det franske Deputeretkammer var bleven nedsat for at undersøge de Tracys Forslag angaaende Slaverne i Colonierne, ved C.N. David (s. 177-208).

29/3-1844: Fortsættelse af samme (s. 375-410).

12/4-1844: Fortsættelse og afslutning (s. 120-164). NB årgangs-skifte pr. 1. april.

20/9-1844: Anti-Slavery Sagens Fremgang i de forenede Stater. Efter Anti-Slavery Reporter (s. 206-212). Ikke signeret, men sandsynligvis ved redaktør Schouw.

Altså over 100 sider i alt, i sandhed et fyldigt materiale, som David utvivlsomt efter aftale med Schouw havde fået frem og med sikker taktisk sans havde spredt ud over hele det år, der var gået siden oktober 1843, hvor man i slavekomiteen havde besluttet at tage et politisk initiativ.

Schouw omtaler dernæst "den kongelige Commissarius", dvs. den embedsmand, der var det officielle bindeled mellem den enevældige majestæt, samt dennes kancelli på den ene side og folkets kårne mænd i Stænderforsamlingen på den anden side. Når Schouw inddrager denne embedsmand, kan det skyldes, at han forudser det modargument fra Knuths side: At disse artikler mestendels handler om de franske kolonier og ikke om de danske. Men netop om forholdene i de danske kolonier måtte da den danske regering og dens embedsmænd repræsentere den højest tænkelige sagkundskab. Altså måtte det for stænderkomiteen have været nærliggende at rådføre sig med Commissarius. Endelig fremhæver Schouw, at sådanne oplysninger måtte kunne fremskaffes "inden næste Session". Af skrivelsen til BFASS fremgår, at slavekomiteen agter at genfremsætte sit forslag i 1846. Embedsmændene har altså et helt år til at fremskaffe de ønskede oplysninger. Det skulle kunne nås!

En måneds tid senere kunne ugeskriftet bringe grev Knuths svar i en artikel overskrevet *Bemærkninger om Sagen angaaende Negerslavernes Frigivelse i den sidste Roeskilde Stænderforsamling.* Indledningsvis fastslås, at om selve "Emancipationsprincippet" er alle enige. Sagen er imidlertid nået et skridt længere end til dette "almindelige" anliggende, idet man nu overvejer statens erstatningspligt over for de privatpersoner, der er "Plantere i Vestindien" (s. 103). Petitionærerne har selv udtalt, at der for at beregne omfanget af slaveejernes økonomiske tab ved en eventuel emancipation "udfordres en Mængde Data", som kun regeringen kan fremskaffe. Det måtte, hævder Knuth, være indlysende, at den kongelige Commissarius ikke har kunnet tilvejebringe disse oplysninger i løbet af den tid, stænderne var samlede (s. 103-104).

Knuth rejser derpå spørgsmålet om "hvilken Tilbøielighed der findes hos den danske Nation til at bringe det Offer, som Negernes Frigivelse gjør nødvendigt" (s. 104). Skal slavefrigørelsen prioriteres højere end andre udgiftskrævende reformer, f.eks. inden for "Fængsels- og Daarevæsen?" (s. 104-105) – et dygtigt argument i betragtning af C.N. Davids velkendte engagement i fængselsreformerne.

Det nytter ikke, slutter greven, at man for at sikre produktionens fortsættelse tildeler de frigivne slaver et hus og en jordlod til gengæld for en vis arbejdsydelse. Det ville være at indføre et nyt hoveri, med andre ord et nyt slaveri! (s. 108)

Schouws duplik

Knuths indlæg krævede et svar, og Schouw rundsendte et udkast til et sådant til slavekomiteens medlemmer. Ledsagebrevet, der er dateret 22/5-1845, er adresseret til David, Grundtvig og Raffard, men mærkeligt nok ikke til Monrad.

Påtegninger:
David går først ind på erstatningsspørgsmålet. Han erklærer sig derpå enig med Schouw, men han deler dog "ikke helt" dennes tanker om overgangen til emancipation.

Grundtvigs svar, som også denne gang er ret udførligt, koncentreres ligeledes om det vanskelige erstatningsspørgsmål:

Naar man gaaer ud fra den uden Tvivl rigtige Forudsætning, at det er ingen Markeds eller Auctions-Priis, der skal erstattes Slave-Eierne, men at det er en vis Arbeids-Kraft omtrent paa ligesaa gode Vilkaar, som de nærværende, Regieringen som ophæver Slaveriet, skylder Planterne, da synes det mig indlysende, at hvad enten man vil kalde Slavernes Forvandling til Hoveribønder, der staae under de almindelige Loves Beskyttelse og kan baade i og udenfor Ægteskab føre et virkeligt Menneskeliv, en rigtig Frigiørelse eller ikke, saa vilde det baade være en stor Forbedring i Slavernes Kaar og bedst sikkre Planterne den Arbeids-Kraft, uden hvilken enhver Godtgiørelse, mindre end Plantagernes fulde Værdi, maatte findes for ringe. Ogsaa troer jeg Negerne i deres Raahed og med deres bekiendte Ulyst til Arbeide for Øieblikket uskikkede til en friere Stilling, hvad især Haitis Exempel, der kan frembringe mere Sukker end hele det øvrige Vestindien, men ikke frembringer hvad den (dvs. øen) selv behøver, synes mig uomstødelig at bevise.

Raffard har tilsyneladende ikke svaret, eller han har svaret på en anden måde.

Grundtvig tager indledningsvis afstand fra tanken om en pengegodtgørelse og samler derpå opmærksomheden om mulighederne for at erstatte den arbejdskraft, plantageejerne risikerer at miste. Knuths tale om et nyt hoveri har tydeligt nok provokeret Grundtvig. Han understreger, at hoveri – når galt skal være – er at foretrække frem for slaveri. Af to grunde: Dels indebærer hoveriet en større grad af retsbeskyttelse; dels giver hoveriet trods alt mulighed for at leve "et virkeligt Menneskeliv", bl.a. et liv i ægteskab. Fra dette sidst anførte synspunkt går der en lige linje tilbage til det udkast, Grundtvig skrev i efteråret 1839, og hvor han i beskrivelsen af slavernes ulykkelige skæbne fæstnede sig ved, at de var tvunget til at leve "kun som Huus-Dyr, uden Ægteskab, uden Børneglæde ..."

Påtegningens afsluttende ræsonnement er opbygget i to led, først en almen og derpå en historisk betragtning. Den almene betragtning rummer to komponenter: Der er først konstateringen af negerslavernes "Raahed", hvilket i datidens sprogbrug ikke har noget med følelsesløshed og voldelighed at gøre. Med "Raahed" menes, at de er "uslebne", dvs. at de i modsætning til "de slebne Europæer", som Ove Malling talte om, mangler europæisk kultur. Dernæst er der bemærkningen om "deres bekiendte Ulyst til Arbeide", hvor man unægtelig savner en modificerende tilføjelse, f.eks. *et for dem uvant* arbejde. På dette punkt har Grundtvig delt sin tids vrangforestillinger.

Hvad angår den historiske bemærkning om "Haitis Eksempel", er det nærliggende at se en videreførelse af Grundtvigs tidligere udtalelse herom i Mands Minde-foredragene fra 1838, hvor han bl.a. understregede, at udviklingen i Haiti "hænger nøje sammen med det store Spørgsmaal om Negerfriheden". Der er imidlertid ikke blot tale om, at Grundtvig her så at sige reproducerer sig selv. Han taler ganske bevidst ind i tidens aktuelle debat. Lad det være tilstrækkeligt at henvise til, at dagbladet *Berlingske Tidende* i disse år hyppigt omtalte udviklingen på Haiti, i 1845 mindst fem gange, den 3/2, 10/9, 29/10, 1/11 og 6/11. I modsætning til hvad der ville være tilfældet i vore dage, så vidste man i 1845, hvad Grundtvig talte om, når han nævnte Haiti. Endelig noteres, at Grundtvig i sin bemærkning udtaler den opfattelse, at slaverne "*for Øieblikket* (er) uskikkede til en friere Stilling" (udhævet her). På dette punkt er Grundtvig klart nok uenig med BFASS i kravet om "strax og fuldstændigt" at ophæve slaveriet. Derimod er han i overensstemmelse med petitionens formulering: "snarest muligt ..."

Knuths replik havde været trykt i *Dansk Ugeskrifts* Nr. 163/164, der udkom den 16/5-1845. Schouws duplik til Knuths replik forelå allerede i det følgende hæfte af ugeskriftet, der på dette tidspunkt var blevet et fjortendages-blad. Det pågældende nummer (165/166) udkom den 30/5-1845.

Schouws artikel, der bærer titlen *I Anledning af Grev Knuths Bemærkninger om Negerslavernes Frigivelse*, er forholdsvis kort, kun 4 1/2 side, men klar og "to the point".

Schouw udtrykker indledningsvis sin glæde over, at der ifølge Knuth er enighed om det principielle: At negerslaveriet bør ophøre. Han så dog gerne, at de gode ord blev omsat til handling, og at man i det mindste fik fastsat en termin, inden for hviken frigivelsen skulle være gennemført.

Hvad angår den mangel på oplysninger, der havde været et hovedpunkt i Knuths forsvar for den trufne beslutning, påpeger Schouw, at regeringen for længst må have indhentet sådanne oplysninger i forbindelse med de forbedringer af slavernes kår, der faktisk var blevet gennemført i løbet af 1830'erne og begyndelsen af 1840'erne. Også i en bemærkning som denne noterer man Schouws taktiske evne. Fra regeringens side kunne man jo vanskeligt erklære, at man havde gennemført disse nyordninger uden at have orienteret sig grundigt om forholdene.

Schouw vender sig derpå til spørgsmålet om en eventuel godtgørelse til slaveejerne. Han er enig med Knuth i, at en vis erstatning er rimelig, og han drøfter forskellige muligheder for at fremskaffe det nødvendige beløb dels på selve øerne, dels i Danmark. Han konkluderer, at det på indeværende tidspunkt er uvist, om der overhovedet er behov for, at der ydes noget "Offer" fra moderlandets side. Endvidere afvises, at slavekomiteen har gjort sig til talsmand for indførelsen af en ny form for hoveri. Det har aldrig været meningen. Plantageejernes gentagne fremhævelse af vanskelighederne ved at kunne få frivillig arbejdskraft i nødvendigt omfang bunder først og fremmest i ejernes alt for lave løntilbud.

Afsluttende pointerer Schouw, at det efter hans opfattelse ikke er nødvendigt, at man ved regeringens hjælp fremskaffer flere oplysninger, for at Stænderforsamlingen kan udarbejde "en Petition af et saa simpelt Indhold" (s. 160), dvs. et andragende, hvis principielle anliggende er indlysende klart. Sagen burde ikke forsinkes yderligere. Det blev den heller ikke. I løbet af det følgende år indledtes den første fase af sagens afslutning.

DEN TILSTRÆKKELIGT VELLYKKEDE PETITION

GRUNDTVIG 1845-48

Stille syssel og lys forventning

Debatten mellem Knuth og Schouw ebbede ud i løbet af sommeren 1845. Derpå fulgte den afsluttende fase af arbejdet i slavekomiteen, i hvilken Grundtvig fortsat havde sæde. Sidste gang Grundtvig udtaler sig om sagen er i december 1848. Inden for denne periode, med andre ord mellem sommeren 1845 og december 1848, sker imidlertid det for Grundtvig betydningsfulde, at han engagerer sig politisk, idet han stiller op og opnår valg på demokratiets vilkår. Grundtvigs engagement i slavesagen er sandsynligvis indgået i den række af faktorer, der motiverede dette skridt. I det følgende skal opmærksomheden rettes mod de knap tre år, der gik umiddelbart forud.

Ved første øjekast er tiden mellem sommeren 1845 og efteråret 1848 en stilfærdig periode i Grundtvigs liv uden større dramatik. På det helt personlige plan er den vel nok vigtigste begivenhed datteren Metas bryllup i oktober 1847. Af udgivelser bemærkes enkelte samlinger af ældre og nye salmer og desuden tre udgivelser, der har med skole og undervisning at gøre. Det drejer sig om *Græsk og Nordisk Mythologi for Ungdommen* (1847, udkom 19/12-1846), *Danske Kæmpeviser til Skole-Brug* (1847), samt Grundtvigs sidste store højskoleskrift *Lykønskning til Danmark* (1847).

Også på andre områder fortsætter Grundvigs aktiviteter stille og roligt i samme spor som før. Det gælder hans regelmæssige kirkelige

N.F.S. Grundtvig (1783-1872) malet i 1847 af Constantin Hansen. Kunstneren har indfanget den optimisme, der prægede Grundtvig i 1847, det år, hvor hans tanker om den folkelige højskole i Sorø endelig så ud til at skulle lykkes. Det Nationalhistoriske Museum på Frederiksborg.

funktioner, og det gælder hans ikke særligt belastende virke som direktør for Dronningens Asylskole. Forholdet til dronning Caroline Amalie var fortsat hjerteligt. En positiv udvikling tegnede sig endvidere på baggrund af Christian VIIIs venlige og vedholdende imødekommenhed over for Grundtvigs tanker om en folkelig højskole i Sorø. De positive forventninger til, at denne plan skulle kunne gennemføres, kulminerede i 1847. To kongelige resolutioner af henholdsvis 27/3 og 31/12-1847 blev trods deres dominerende realpædagogiske ideindhold af Grundtvig med rette tydet i den retning. Grundtvigs fingeraftryk findes flere steder i bestemmelserne, og Christian VIIIs velvilje over for Grundtvig personligt var ikke til at tage fejl af. I et brev til dronningen dateret 23. oktober 1847 oplyser Grundtvig, at majestæten under en middag på Sorgenfri Slot "gav mig den naadigste Forsikkring om, at jeg ved Udførelsen (dvs. af planerne vedrørende Sorø Akademi) skal faae Lov til endnu paa gamle Dage at giøre mit Bedste til gamle Danmarks Foryngelse" (Breve II, s. 450). Så sent som i midten af januar 1848 kunne Grundtvig ved et nordisk studentermøde udbringe en skål

... for den nye Høiskole i Sorø, der beskedent stillede sig ved Siden af sine ældre Søstre (dvs. de fire universiteter i Danmark, Sverige og Norge), og som han var forvisset om vilde udrette noget Godt til Modersmaalets og den nationale Aands Udvikling. *(Fædrelandet* d. 14/1-1848)

Det bemærkes, at Grundtvig omtaler højskolens oprettelse som en *kendsgerning*. Hans *forventninger* retter sig mod institutionens gavnlige virkninger. Hans store forventninger til skolen kommer endvidere til udtryk i digtet *Den folkelige Høiskole i Sorø*, trykt den følgende dag (d.15/1) i *Berlingske Tidende*. Her byder han Danmark hilse de nordiske studenter velkommen bl.a. til den ny skole,

Hvor dit Modersmaal skal raade,
Tungen løse Hjertets Gaade,
Lyset, som dertil er givet,
Kaste Glands paa Livet.

At disse lyse forhåbninger blev endegyldigt slukket ved kongens uventede død en uge senere, den 20. januar, blev Grundtvig først klar over i løbet af det år, der fulgte. I denne stilfærdige periodes veksel mellem glæde og sorg, håb og skuffelse fremspirede ikke desto mindre noget nyt, der fik blivende betydning for Grundtvig i resten af hans levetid.

Skandinavisme, Grundtvig og H.N. Clausen

I løbet af 1840'erne reducerer Grundtvig sin medvirken i "Danske Samfunds" mødeprogram. I et brev til Ingemann skrevet i påsken 1845 hedder det, at denne forening har han nu "overladt Efterslægten at øve sig paa" (G-I s. 280). Bortset fra en kort periode i 1848-49, hvor Grundtvig atter er foreningens formand, er hans indsats i denne særlige sammenhæng tilsyneladende næsten helt ophørt. Til gengæld medvirker han i stigende omfang i den skandinavistiske bevægelses arrangementer.

Skandinavismen, der var kommet til Danmark i løbet af 1830'erne, fik især i begyndelsen af 1840'erne vind i sejlene. Stedse flere studenter, videnskabsmænd og digtere deltog i fællesnordiske stævner, hvor man i tale og sang bekræftede og bestyrkede et nordisk kulturelt fællesskab. Allerede i 1839 markerede Grundtvig sit tilhørsforhold til bevægelsen, idet han i det år blev fast medarbejder ved det af Frederik Barfod udgivne nye nordiske tidsskrift *Brage og Idun*. På den baggrund var det naturligt, at han lige fra begyndelsen var aktiv deltager i de møder, der organiseredes af *Det Skandinaviske Selskab*,

Professor, dr.theol. H.N. Clausen (1793-1877). Liberal politiker. Litografi 1843/47 af E. Bærentzen. Kgl. Bibliotek, Kort- og Billedafdelingen.

stiftet af J.F. Schouw m.fl. i september 1843. I oktober samme år holder han i dette selskab et foredrag "Om Nordens historiske Fortid", og i de følgende år bidrog han med talrige sange til Selskabets fester og til den visebog, som deraf affødtes.

I årene fra 1844 og fremefter blev båndet til Det Skandinaviske Selskab yderligere styrket. I slutningen af juni 1844 blev Grundtvig indbudt af Orla Lehmann til som selskabets gæst at deltage i et stort offentligt møde på Skamlingsbanken. Mødet, der fandt sted den 4/7, blev en ubetinget succes også for Grundtvig, der her fik lejlighed til at tale til en tusindtallig skare. Et halvt års tid senere, den 17/1-1845, holdt Grundtvig foredrag i selskabet om "De historiske Minders Betydning". Mens man derpå sad til bords,

udbragte Prof. *Clausen* en Skaal for Pastor *Grundtvig*, der modtoges med meget Bifald, der steg til Jubel, da Advocat *Lehmann* ... udbragte en Skaal for Prof. *Clausen. (Berlingske Tidende* 18/1-1848)

Når man betænker den bitre offentlige strid mellem H.N. Clausen og Grundtvig i 1825-26, er det et helt utroligt sceneri, der her oprulles. Med rette modtog Clausen "meget Bifald" for på denne måde at have rakt en hånd til sin gamle angriber. Og da Lehmann, der straks har forstået den vidtrækkende betydning af denne symbolske gestus, udbragte en skål for Clausen, gik det op for forsamlingen, at man havde været vidne til en skelsættende begivenhed. Og bifaldet steg til jubel. Atter et halvt år senere modtog Grundtvig et brev fra H.N. Clausen med indbydelse til at deltage i et skandinavisk studentermøde i Dyrehaven. Indbydelsen, der vistnok er det eneste eksisterende brev fra Clausen til Grundtvig, lød som følger:

Bestyrelsen for det skandinaviske Selskab i Kjøbenhavn indbyder:

Hr. Pastor Grundtvig

til at bære en, for de norske og svenske Studenter, Onsdagen den 25 dennes, foranstaltet Fest i Dyrehaven med Deres Nærværelse. –

Man samles ved Eremitagen Kl. 4.

Kjøbenhavn den 23 Juni 1845
    paa Bestyrelsens Vegne
    (sign.) H.N. Clausen. (Fasc.440.1.b)

Også dette møde blev en ubetinget succes. Ifølge referatet holdt Grundtvig "et livligt og hjerteligt Foredrag ... (og) Skjalden bares i Triumf omkring i Teltet" (Bibl.nr.816.b). Hvad angår året 1846, er ingen tilsvarende begivenheder noteret, men allerede året efter danner selskabet igen ramme omkring en bemærkelsesværdig begivenhed. I forbindelse med et skandinavisk naturforskermøde afholdt i København havde selskabet indbudt deltagerne til at foretage en udflugt med den nyanlagte jernbane til Roskilde. Også Grundtvig var indbudt. En af ham skrevet sang blev afsunget, og selv holdt han en tale, hvor han i "spøgende Tone" udbragte en skål for "et godt Forlig mellem Naturen og Historien" (*Fædrelandet* den 16/7-1847).

Som ovenfor bemærket, gav møderne i Det Skandinaviske Selskab i årene fra 1843 og fremefter anledning til en tilnærmelse mellem de to tidligere modstandere, Grundtvig og H.N. Clausen. Selskabet var imidlertid ikke det eneste forum, inden for hvilket de nu kunne mødes og samarbejde. Desuden må nævnes den københavnske "Comite for dansk Undervisnings Fremme i Slesvig", stiftet i maj 1843. H.N. Clausen var her den drivende kraft, og Grundtvig holdt foredrag ved et af komiteen organiseret offentligt møde i november samme år (Bibl.nr. 751). Bestræbelserne førte i 1844 til grundlæggelsen af Danmarks første folkehøjskole i Rødding.

Endelig må nævnes samarbejdet i Københavns Præstekonvent, hvor Clausen var repræsentant for det teologiske fakultet og Grundtvig ordinært medlem. At professorerne ved det teologiske fakultet skulle indbydes til at deltage i konventets møder var ingen selvfølge, idet ingen af dem havde haft præsteembede. Af biskop Mynsters udtalelse til kancelliet vedrørende konventets oprettelse fremgår imidlertid, at "Dette skete paa Forslag af Pastor Grundtvig, hvilket, naar man erindrer denne Mands og hans Tilhængeres tidligere Ytringer om Fakultetet, maa synes besynderligt nok" (Plum s. 11).

I konventets forhandlinger fik H.N. Clausen en betydelig indflydelse og gang på gang optrådte han her sammen med Grundtvig som talsmand for kirkelig frihed. Bl.a. lykkedes det efter langvarige drøftelser i foråret 1845 at få vedtaget en erklæring imod tvangsdåb af baptistbørn. Om denne kirkepolitiske sejr skrev Grundtvig til P.C. Kierkegaard, at "havde ikke Prof. Clausen stridt mandelig ved min Side, var Slaget vist blevet tabt" (Breve II, s. 438). Det er ikke tilfældigt, at et brev, som Grundtvig på samme tid skriver til Clausen, er holdt i en venskabelig, humoristisk tone (ib. s. 437).

En tilnærmelse mellem Grundtvig og Clausen var indledt allerede i 1839, hvor Grundtvig i en af sine artikler erklærer, at han gerne ville have undgået striden med Clausen (US VIII, s. 196), en udtalelse Clausen bed mærke i (Opt. s. 132). Men især fra 1843 og fremefter bliver denne tilnærmelse mere og mere tydelig. Om deres indbyrdes forhold netop i 1843 skriver Clausen, at "Det havde nu i længere Tid været stille mellem Grundtvig og mig" (Opt. s. 270). En væsentlig faktor i denne udvikling har utvivlsomt været begges nære personlige venskab med J.F. Schouw, der bl.a. var et fremtrædende medlem af Rødding Højskoles københavnske støttekreds (Skovmand 1960 s. 32). Fremdeles er det tankevækkende, at på Erik Henningsens (noget senere) maleri af naturforskermødet i Roskilde i juli 1847 ses i midten Schouw siddende ved siden af Grundtvig, og bag dem står H.N. Clausen. Som vi skal se, fik i det følgende år, 1848, disse forskellige personlige forbindelseslinier betydning under valgene til den grundlovgivende rigsforsamling.

Et egentligt venskabsforhold udvikledes ikke mellem Clausen og Grundtvig, men de lærte at værdsætte hinandens kvaliteter, og de lærte at samarbejde. Dette positive forhold opretholdtes også i årene efter Schouws død i 1852. Et vidnesbyrd herom er Clausens beskrivelse af, hvorledes de begge i efteråret 1865 talte ved en folkefest i Dyrehaven til ære for et par tusinde slesvigere, der gæstede Køben-

Det nordiske naturforskermøde i København, 1847. Sammenkomsten i Roskilde den 12/7. Maleri af Erik L. Henningsen, 1896. På talerstolen ses fysikeren, professor H.C. Ørsted, datidens mest berømte danske naturvidenskabsmand. Centralt i billedet ses siddende ved et bord konferencens initiativtager, professor J.F. Schouw. Umiddelbart bag ham ses Grundtvig, også siddende, og stående bag ham H.N. Clausen. At netop de tre er anbragt sammen som et trekløver rejser spørgsmålet om, hvorvidt kunstneren har haft kendskab til disses samarbejde i årene op mod 1847. Det Nationalhistoriske Museum på Frederiksborg.

havn for at bevidne deres fortsatte loyalitet over for det danske fædreland. Clausen skriver:

Ved den slesvigske Mindesten fandt Grundtvig og jeg os sammen, hver paa sin Side af Stenen. Her lød Begges Ord i samme Tonart.[42]

Man ser det for sig. Dèr står de to aldrende stridsmænd. De står hver for sig og dog sammen. Deres ord var forskellige, men de lød dog i harmoni, "i samme Tonart".

En politisk tærskel overskrides

Den kæde af begivenheder, der førte til Grundtvigs valg som medlem af den grundlovgivende rigsforsamling i efteråret 1848, er ofte beskrevet i litteraturen.[43] Vi kan derfor her nøjes med at repetere de vigtigste faser. Efter Frederik VIIs tronbestigelse i januar 1848 lød kravet om enevældens ophævelse med fornyet styrke. På grund af sin rodfæstede tillid til de enevældige monarker, hvis beskyttelse han selv havde nydt godt af, var Grundtvig længe om at tage stilling til den nyeste udvikling. I april er usikkerheden forsvundet. Han har indset, at det må være principielt rigtigt, at man til enhver tid vælger den regeringsform, "der for Øieblikket rimeligvis, efter Folkets, Tidens og Stedets Beskaffenhed, bedst lader sig forlige med Menneskelivets utabelige Rettigheder ..." (*Danskeren* 1848 s. 88). Og det vil for Danmarks vedkommende i foråret 1848 sige, at man afskaffer enevælden og indfører en repræsentativ forfatning. I denne konklusion har han næppe været upåvirket af det skrift, som J.F. Schouw og H.N. Clausen under titlen *Ved Tronskiftet* havde udsendt dagen efter Christian VIIIs død.

Det næste spørgsmål der meldte sig var, hvorvidt han selv skulle stille op og lade sig vælge på demokratiets vilkår. Efter nogen vaklen frem og tilbage beslutter han sig for at gøre forsøget. I hans hjemegn, Sydsjælland, var der fremkommet ønsker om at få ham opstillet i Præstø-kredsen. Imidlertid viste sig den vanskelighed, at hans nye forbundsfælle, H.N. Clausen, der fra og med 1840 netop i denne kreds var blevet valgt til Østifternes Stænderforsamling, regnede med også ved dette valg at kunne opstille her. Da situationen går op for Grundtvig og Clausen, er hver af de to tidligere modstandere næsten ved at gå bagover i høflige erklæringer om, at den ene vil træde tilbage til fordel for den anden. Som Grundtvig udtrykker sig, er H.N. Clausen "den eneste af vore berømte Politikere, jeg dog mulig kunde staae paa en god Fod med til det Heles Bedste" (PR II, s. 103). På den baggrund fastholdt Grundtvig sit ønske om at trække sig tilbage fra Præstø. I stedet søgte han – som det skulle vise sig forgæves – at blive valgt i Nyboder, København. Clausen opnåede imidlertid ikke valg i Præstø, men blev kort tid derefter kongevalgt. Ved et senere omvalg i Præstø samlede interessen sig derfor atter om Grundtvig, som derpå blev valgt den 6. november. To dage senere, den 8/11-1848, mødte han op på rigsdagen.

Grundtvig havde tidligere været politisk engageret på andre måder. Han havde været en opmærksom politisk iagttager og en flittig kommentator lige fra sine unge dage. Han havde endvidere været politisk agitator – så meget som dette ustraffet kunne lade sig gøre under enevælden. Det allerførste, han udgav på tryk, var et par artikler fra 1804, hvor han forlangte en forbedring af skoleforholdene i et bestemt sogn på Falster. Siden havde han taget initiativer angående henvendelser til magthavere og administrative instanser vedrørende politiske nyordninger, f.eks. angående "Sognebaandets Løsning". I alle disse henseender stod Grundtvig dog uden for og talte ind i det politiske rum, hvor beslutninger tages. Ved at lade sig vælge først til den grundlovgivende rigsforsamling og siden til folketing og landsting overskred Grundtvig i efteråret 1848 den vigtige tærskel, at han

Professorerne J.F. Schouw (1789-1852) og H.N. Clausen (1793-1877). Udsnit
af skitse til Constantin Hansens velkendte maleri (1860-64) af den grundlov-
givende rigsforsamlings første møde i oktober 1848. Dette mindre kendte for-
arbejde befinder sig på Christiansborg. Her ses i forreste række rigsforsamlin-
gens præsident, J.F. Schouw, i samtale med sin personlige ven og politiske kamp-
fælle, H.N. Clausen. Sidstnævnte er iført præstekjole, der var de teologiske
professorers embedsdragt. På skitsen er Schouw og Clausen draget lidt længere
frem i forgrunden end på det endelige maleri. Schouws og Clausens nære sam-
arbejde var velkendt i datiden. Det er derfor ikke tilfældigt, at de her afbildes
side om side. Også deres buster blev siden opstillet tæt ved hinanden på Frue
Plads, på hver sin side af hovedindgangen til Københavns Universitet.

selv trådte ind i det rum, hvor ikke alene en politisk debat finder sted, men hvor også afgørelserne træffes.

Spørger man, hvad der kan have motiveret Grundtvig til at tage dette vigtige skridt, er forskellige svar mulige. Der er bred enighed om, at et vigtigt motiv for Grundtvig har været, at han i en for nationen kritisk stund følte sig forpligtet til at gøre, hvad han kunne for at styrke danskheden, en overbevisning han ikke var ene om, men bl.a. delte med Schouw og Clausen. Kort sagt, i den givne situation oplevedes danskheden som den fælles værdi, hele folket kunne samles om, og som det derfor gjaldt om at beskytte. At Grundtvig har tænkt i de baner fremgår f.eks. af hans programdigt *Folkeligheden* fra august 1848:

Præst og Adel, Borger, Bonde,
Konstner, Skipper, Skolemand,
Kalde alt Udansk det Onde,
Værge Danskens Fædreland.
(*Danskeren* 1848, s. 384)

Og netop derfor kom det tidsskrift, som han fra marts 1848 begyndte at udgive, til at hedde *Danskeren*. Kaj Thaning har desuden fremdraget Grundtvigs karakteristiske udtalelse i et brev til sønnen Johan, at det ganske enkelt er nødvendigt, at han er med på rigsdagen, "da jeg immer veed bedre Besked end de Fleste".[44] Poul Dam (s. 22) nævner desuden, at en aktiv person som Grundtvig simpelthen måtte være med, dér hvor det foregik. Til disse synspunkter bør føjes endnu et personligt motiv: Grundtvigs ønske om at fortsætte samarbejdet med to personer, hvem han i dette afsnit af sit liv havde lært at sætte ganske særlig pris på. Der var H.N. Clausen, hvem han havde samarbejdet med i Det skandinaviske Selskab og i Rødding-komiteen, og som havde "stridt mandelig" ved hans side i Københavns præstekonvent. Og så var der hans gamle ven J.F. Schouw, formand for slavekomiteen, der kort tid forinden havde ført sagen frem til en tilfredsstillende afslutning.

SAGEN FORBEREDES

I 1846-sessionen indledtes forhandlingerne i Østifternes Stænderforsamling den 15. juli. Forelæggelsen af slavekomiteens forslag til petition forberedtes dels ved mundtlige forhandlinger, dels ved artikler i pressen og dels ved intern korrespondance i komiteen. Om de mundtlige forhandlinger foreligger, så vidt vides, ingen skriftlige vidnesbyrd. Ikke desto mindre er det utænkeligt, at Schouw ikke har drøftet sagen med H.N. Clausen, der foruden at være Schouws personlige ven og politiske meningsfælle tillige var stænderforsamlingens præsident. At en sådan forberedelse må have fundet sted, fremgår af, at sagens forløb er tydeligt præget af en dygtigt tilrettelagt strategi. Det ses af en række kendsgerninger. For det første, at sagen fremlægges så tidligt, at den kommer til endelig behandling allerede i slutningen af august. Denne gang skulle petitionen ikke havarere på grund af tidnød! For det andet sørger man for på forhånd at inddrage "oppositionen", idet grev Knuth vælges til "referent", dvs. til talsmand for den komite, som stænderforsamlingen nedsætter. Endelig noteres, at H.N. Clausen med al den vægt, som præsidentposten indebærer, fremsætter sin personlige opfattelse umiddelbart forud for afstemningen.

Ud over at skitsere en strategi har man bestræbt sig for i løbet af det år, der gik forud for sagens fremlæggelse, at påvirke den offentlige mening. Schouw gjorde det på den måde, at han i *Dansk Ugeskrift,* som han redigerede, lod trykke fire artikler emnet vedrørende. Af disse artikler, der fremkom i tiden mellem oktober 1845 og juni 1846, er de tre oversat fra *Anti-Slavery Reporter*. Den første handler ganske vist ikke om Vestindien, men om Ostindien. Artiklens relevans beror på, at den bl.a. nævner "de Indfødtes Vel" og "Hensynet til Humanitetens Interesse i det Hele" (s. 38). Den anden artikel er langt mere relevant, idet den refererer en række domme, der må antages at få "en ikke ubetydelig Virkning til Bedste for Slavebefolkningen i de franske Colonier" (s. 59). Den tredje er en meget udførlig tysk rejseberetning fra det sydvestlige Afrika. Artiklen beskriver slavehandelen og slaveriet "med alle dets Rædsler og Afskyeligheder", og den tilbageviser det synspunkt, at afrikanerne skulle være utilgængelige for "alle høiere aandelige Bevægelser" (s. 197-198). Vigtigst i den aktuelle sammenhæng var dog nok den fjerde artikel *Om Resultaterne af Emancipationen i det britiske Vestindien*. Artiklen fokuserer på de britiske vestindiske øer, der af geografiske grunde skønnedes at være sammenlignelige med de danske. Desuden går den ind på netop de spørgsmål, der med skæbnesvanger virkning havde været rejst under petitionens første behandling to år forinden, nemlig de økonomiske virkninger af en slavefrigørelse. Det påvises, at plantageejerne har haft væsentlige fordele af den stedfundne udvikling. Deres kredit er blevet genoprettet, og befolkningstilvæksten sikrer, at der ikke er mangel på arbejdskraft. Det, der kræves, er "en forstandig Fremgangsmaade" (s. 356-357). Uanset hvor stor virkning disse artikler har haft, har det været nyttigt for komiteen, at de nu var offentligt tilgængelige, således at man kunne henvise til dem.

Komiteens interne forberedende drøftelse fandt sted i en korrespondance, der foreligger i Schouws arkiv, hvorfra aktstykker tidligere er citeret og refereret. I et brev dateret 4/7-1846 henvender Schouw sig til David, Grundtvig og Monrad. Raffard har på forhånd givet tilsagn om at underskrive, hvad de øvrige medlemmer af komiteen måtte blive enige om. I brevet anføres, at det på grund af sommeren, hvor de fleste "ligge paa Landet", er vanskeligt at arrangere et møde. Derfor fremsender Schouw udkast til petition, samt Knuths og sin egen artikel om emnet.

Påtegninger:
David fremsætter nogle overvejelser vedrørende fremgangsmåden. Han finder det "upassende for os, da vi selv har gjort saa Lidet, paa den foreslaaede Maade at tiltale Stænder og Regjering". Dog vil han gerne mødes med Schouw og eventuelt tillige med Monrad, hvis han er i byen, med henblik på at drøfte petitionen.
Grundtvig: "tiltræder Petitionen".
Monrad har afgivet en mundtlig kommentar. Det fremgår af et lidt senere brev af 10/7 fra Schouw til Grundtvig (Fasc. 441.3.c.).

Som bilag til brevet var vedlagt det nævnte udkast. I marginen har to komitemedlemmer tilføjet bemærkninger. Grundtvig har for sit vedkommende fæstnet sig ved en sammenhæng i tekstens andet afsnit, hvor Schouw har skrevet, at "Slaveriets Ophævelse i et christeligt og civiliseret Land er en Pligt, hvis Opfyldelse ikke kan opsættes (overstr. Efter) før det maatte findes beqvemt for Tid og Leilighed". Hertil bemærker Grundtvig:

efter Tid og Leilighed er vigtigt eller uvigtigt, som man tager det, jeg ønsker det derfor afløst af tydeligere Udtryk, f.Ex – hvis Opfyldelse ikke maa udsættes til slet ingen Vanskeligheder mødes, men kun saalænge de findes uovervindelige. Gg.

I den tekst, der blev oplæst i Stænderforsamlingen har afsnittet fået en lidt strammere formulering, der ligger nærmest et andet forbedringsforslag, som sandsynligvis er Davids: "som man ikke bør lade uopfyldt, fordi Opgavens Løsning ei er let eller frembyder Vanskeligheder".

SAGENS GANG

Fremlæggelse og indledende behandling

På stænderforsamlingens første møde i 1846-sessionen, den 15/7, valgtes H.N. Clausen til Præsident, dvs. til ordstyrer (*Stændertidende* 1846 sp. 13). Det bemærkes, at af tidligere "aktører" i slavesagen var både grev Knuth og C.N. David valgte medlemmer af forsamlingen. På andet møde, den 17/7, bekendtgjordes, at præsidenten havde modtaget fire "private Andragender", hvoraf det første, indgivet af Orla Lehmann, omhandlede det kontroversielle emne: "Indførelse af en fri Forfatning".

Det sidste af de fire andragender var "Professor David: Andragende fra ham selv med Flere om Ophævelse inden for en vis kort Tid af Slaveriet paa de dansk-vestindiske Besiddelser" (sp. 22).

Som det kunne forventes, gav Lehmanns første andragende anledning til omfattende drøftelser af proceduren vedrørende denne sags behandling. Først en uge senere (d. 23/7) kunne David oplæse "det af ham indgivne Andragende om Ophævelse ...etc". (sp. 226-227). Kongens "Commissarius", professor, dr.jur. P.G. Bang, fremkom efterfølgende med en udførlig udtalelse, der næsten ordret gengiver de synspunkter, som grev Knuth i forsommeren 1845 havde fremsat i *Dansk Ugeskrift*.

Resultatet af drøftelsen blev, at stænderforsamlingen nedsatte en komite på fem medlemmer: "Professor David, Grosserer A. Hansen, Grev Knuth, Provst Plesner og Raadmand Hansen".[45]

Foreløbig behandling

Den 22. august kom slavesagen til foreløbig behandling. Stænderkomiteens betænkning blev oplæst af grev Knuth, der var komiteens "Referent", dvs. talsmand. Han redegør derpå for "de omhyggelige

Undersøgelser om Maaden, hvorpaa Emancipationen burde udføres, som have været anstillede af de heri interesserede Stater". Efter en udførlig drøftelse af erstatningsspørgsmålet fremlægges komiteens konklusion, at forsamlingen bør petitionere om,

at Hans Majestæt saasnart som muligt, vilde lade forelægge et, paa omhyggelige Undersøgelser bygget, Lovudkast, til en fuldstændig Emancipation af de Ufrie paa de dansk-vestindiske Colonier, samt

at Hans Majestæt vilde lade henlægge en Sum af 2 Millioner Rigsbankdaler, som et særegent Fond, bestemt til at anvendes fortrinsviis til Emancipationens Udførelse, og

at hertil fornemmeligen de vestindiske Activer maatte anvendes. (sp. 1423)

Som det vil ses, er der på visse punkter sket en udvikling af andragendet, der var formuleret i én enkelt sætning: "Ophævelse inden for en vis kort Tid af Slaveriet paa de dansk-vestindiske Besiddelser" (se ovenfor). Teksten er nu pindet ud i tre punkter, hvoraf det første så nogenlunde svarer til andragendets ene sætning. De to nye punkter fokuserer på erstatningsspørgsmålet. Muligvis kan man her spore en indflydelse fra Knuth. Under alle omstændigheder har det nok været klogt at gribe fast om denne nælde, der for de fleste medlemmer af stænderforsamlingen har været den mest interessante side af sagen. Hvad finansieringen angår, noteres endvidere forslaget om at anvende "de vestindiske Activer". Dette synspunkt var i 1845 fremført af Schouw i hans duplik til Knuth. Endelig bemærkes et sprogligt kuriosum. I overensstemmelse med praksis i den engelsksprogede debat taler slavekomiteens oprindelige andragende om ophævelse af "Slaveriet". I stænderkomiteens formulering tales om "de Ufrie".

Den kongelige Commissarius indledte drøftelsen med at fremsætte en række syrlige bemærkninger til forslaget. At sætte en så stor sum til side til at gennemføre emancipationen ville efter hans opfattelse bevirke, at mange vigtige formål i moderlandet ikke ville kunne realiseres. Fremdeles er Englands situation en ganske anden end Danmarks, og endelig har ingen anden europæisk stat foretaget en sådan økonomisk "Opoffrelse" (sp. 1424).

Kammerråd Wolff udtalte, at andragendet hidrørte fra "Englænderen Alexander", der havde opfordret de fem mænd bag petitionen til at fremme sagen. Wolff fremhæver, at af disse fem mænd er de to gejstlige og de tre videnskabsmænd, og da "Ingen har været i Vestindien eller kjender Noget til de coloniale Forhold, maae de have øst deres Kundskab fra Skrifter". Men selv nok så "voluminøse" skrifter er utilstrækkelige til at oplyse om "de eiendommelige Forhold, der existere paa Øerne". Dermed mere end antydes, at de lærde og fromme proponenter kun har et abstrakt forhold til virkeligheden. Nej, fortsætter Wolff, var forslaget kommet "fra Planterne i Vestindien selv eller fra de locale Auctoriteter", så havde sagen stillet sig ganske anderledes osv. osv.[46]

Disse giftigheder var dog ikke det værste. Det farligste angreb kom fra kaptajn Herforth,[47] der sandsynligvis var den eneste i forsamlingen, der kendte dansk Vestindien fra personlig erfaring. Han stillede det ændringsforslag, at man skulle "abandonnere", dvs. opgive, øerne, enten sælge dem eller forære dem bort, og at man derfor slet ikke behøvede at indgive nogen petition i denne sag (sp. 1460). Andre støttede petitionen, bl.a. den gamle provst Plesner, der udtalte: "Der skal ikke rinde Blod efter Driverens Pidsk fra nogen Slaveryg i vore vestindiske Besiddelser!" (sp. 1435-1436). I en række indlæg forsvarede David og Knuth tappert stænderkomiteens forslag. Knuth må instinktivt have fornemmet det farlige i Herforths ændringsforslag. I den afsluttende replik, der tilkom ham som referent, afvistes Herforth kategorisk. Det påpegedes, at selve den omstændighed, at et stort flertal i forsamlingen havde stemt for at nedsætte en komite, var et klart vidnesbyrd om, at en petition skulle

159

udarbejdes. Endelig anså komiteen det for vigtigt, at man erklærede sig villig til "at underkaste sig de nødvendige Opoffrelser" (sp. 1472).

Endelig behandling

Den 26/8 gennemførtes den afsluttende behandling af andragendet. Stænderkomiteen havde foretaget en mindre omredigering af teksten. Indstillingen indeholder i sin endelige form to punkter, hvoraf det første af de ovenfor anførte står alene som formulering af selve petitionen. I punkt to samles de ovennævnte punkter 2 og 3 i et enkelt punkt og defineres som præmisser til petitionen:

2) At det i Præmisserne til Forsamlingens Petition udtales:

At Forsamlingen – under Forudsætning af at en fuldstændig, samtidig og mod Colonierne retfærdig Frigivelse vil, efter de eiendommelige Forhold paa vore Øer, kunne udføres med en Bekostning, som i det ugunstigste Tilfælde ikke vil overstige den, der er medgaaet paa de af de engelske Colonier, hvor Befolkningen har været mindst – udtaler som sin Overbeviisning, at Staten ikke bør unddrage sig denne pecuniære Opoffrelse. (sp. 1532-1533)

Som det vil ses, har man her søgt at imødekomme i hvert fald noget af kritikken. Endvidere har man fået fastslået, at staten må påtage sig en pekuniær "Opoffrelse". På dette punkt er man ikke veget.

At placere erstatningsspørgsmålet i præmisserne er klart en taktisk manøvre, der har til hensigt at tilfredsstille så mange som muligt. For nogle vil det være væsentligt, at der markeres en tydelig forskel mellem på den ene side frigivelsen, som er hovedsagen, og på den anden side andre relevante beslutninger. For andre måtte det være væsentligt, at en afklaring af erstatningsspørgsmålet placeredes som den nødvendige forudsætning for en frigivelse.

Det var denne toleddede tekst, der skulle stemmes om. Endvidere skulle forsamlingen tage stilling til to alternative forslag, hvoraf det ene nok sprogligt, men ikke sagligt adskiller sig synderligt fra stænderkomiteens. Langt det vigtigste alternativ var kaptajn Herforths forslag, der i mellemtiden var strammet sammen til en enkelt meget kort sætning: "At Petition ikke indgives" (sp. 1533).

Debattens omfang fremgår bl.a. af, at referatet fylder fire hæfter af *Stændertidende*. Af indlæggene bemærkes især følgende: Grev Knuths begrundelse for de foretagne ændringer af teksten, Davids udførlige forsvar for sagen og for teksten (sp.1557-1567), og kaptajn Herforths begrundelse for sit alternative forslag (sp. 1544-1545). Debatten afsluttes med bemærkninger fremført af den kongelige Commissarius og af referenten, grev Knuth (sp. 1580-1581).

Efter Knuths opsummering og umiddelbart forud for afstemningen tog forsamlingens præsident, H.N. Clausen, ordet for en personlig udtalelse. Han indleder med at fastslå, at der blandt de sager, der er til behandling, er enkelte der *ikke* vedrører specielle forhold, hvor særinteresser kommer ind i billedet, og hvor enkelte personer har en større kompetence end andre. Det drejer sig om spørgsmål, der angår alle. Det vil sige, at de drejer sig om vort forhold til det store samfund, staten og til det endnu større samfund, kirken og menneskeheden. Just disse egenskaber kendetegner den sag, hvorom der nu skal stemmes. Det drejer sig heller ikke blot om "fromme Ønsker", men om en forpligtende beslutning, hvor man erklærer sig rede til at bringe de nødvendige ofre. Med andre ord:

Der gives visse Forhold, hvor Modsætningen imellem den bestaaende Virkelighed og de første Grundsætninger af christelig Ret og Retfærdighed, de første Fordringer til christelig Civilisation, er saa skjærende, at Ingen kan udsone sig dermed, uden derved, at han – saafremt det ellers er muligt – vender Tanke og Øie bort fra den Fornedrelse af Menneskenaturen, den Krænkelse af Christendommen, der ligger til grund for disse Forhold. (sp. 1582)

Altså kan man ikke lade "et syndigt og ugudeligt Forhold" fortsætte på grund af økonomiske hensyn. Selv om "pecuniære Opoffrelser" er nødvendige, bør man ikke undslå sig for at bringe sådanne ofre. Beslutter forsamlingen sig for at gennemføre denne sag, vil man ikke blot sikre sig et godt eftermæle, men

da vilde dette Offer med Sandhed kunne gjælde som et smukt Taknemmeligheds-Offer for den Velsignelse, som synligen fra Aar til Aar giennemstrømmer vort Land, og i hvilken vi dog visseligen maae erkjende, at vor egen Flid, egen Dygtighed og Vindskibelighed har den mindste Deel. (sp. 1583)

På den baggrund anbefaler Clausen stænderkomiteens indstilling "i sin Helhed", dvs. både selve petitionen og dens præmisser.

Efter dette fornemme indlæg, hvor spørgsmålet om slaveriets ophævelse flyttedes fra en snæver økonomisk afvejning til en almen moralsk overvejelse, gik man over til afstemning. Om udfaldet af denne meddeler *Stændertidende:*

1) *Comiteens Indstilling:*
    At Forsamlingen vil petitionere om:
    At Hans Majestæt vil lade forelægge den næste Stænderforsamling et,
    paa omhyggelige locale Undersøgelser bygget, Lovudkast til en fuldstæn-
    dig Emancipation af de Ufrie paa de dansk-vestindiske Colonier
    antaget med 37 stemmer mod 19. (sp. 1584)

Det bemærkes, at den formulering, man stemte om, rummer en præcisering af tidsrammen for en beslutning om frigivelse fra "saasnart som muligt" til ved "næste Stænderforsamling", dvs. i 1848. Endvidere noteres, at indstillingen i denne formulering vedtoges med et smukt flertal, der var næsten dobbelt så stort som mindretallet. Clausens tale har utvivsomt bidraget væsentligt til opnåelsen af dette tilfredsstillende resultat. Både den ekstraordinære begivenhed: At Præsidenten udtalte og begrundede sin personlige opfattelse, samt talens stærke moralske appel har gjort indtryk.

Det første ændringsforslag ansås for at være forkastet uden afstemning. Dernæst hedder det:

2) *Comiteens Indstilling,* at det i Præmisserne til Forsamlingens Petition udtales:

At Forsamlingen – under Forudsætning af, at en fuldstændig, samtidig og mod Colonierne retfærdig Frigivelse vil, efter de eiendommelige Forhold paa vore Øer, kunne udføres med en Bekostning, som, i det ugunstigste Tilfælde, ikke vil overstige den, der er medgaaet paa de af de engelske Colonier, hvor Befolkningen har været mindst – udtaler som sin Over-beviisning, at Staten ikke bør unddrage sig denne pecuniære Opoffrelse *forkastet,* med 44 Stemmer mod 12. (ib.)

Dette resultat, hvor præmisserne var forkastet med et meget betydeligt flertal, var klart utilfredsstillende både for proponenterne og for Clausen, der alle havde tillagt præmisserne væsentlig betydning. Men lige om hjørnet truede en endnu større fare: En total forkastelse af hele petitionen. Referatet i *Stændertidende* fortsætter:

Derefter blev Capitain *Herforths Amendement:*
"At Petition ikke indgives"
sat under Afstemning med Kugler og blev Resultatet af denne, at Amende-mentet
forkastedes med 30 Stemmer mod 26. (sp. 1584)

Det er tankevækkende, at Herforths ændringsforslag ved den foretagne hemmelige afstemning ("med Kugler") kun blev forkastet med en meget snæver margin på fire stemmer.

Den fremsendte petition

I de følgende uger foretoges den endegyldige formulering af den petition, der skulle fremsendes til kongen. I referatet af mødet den 14/9 hedder det, at blandt de "Udkast til Forsamlingens endelige Expeditioner" blev under punkt 2 oplæst "Det af Referenten, Grev Knuth, forfattede Udkast til Forsamlingens Petition om Emancipation af de Ufrie paa de dansk-vestindiske Colonier" (sp. 3095).

Den vedtagne tekst offentliggjordes blandt de bilag, der er samlet bagest i 1846-årgangens andet bind under "Betænkninger og Petitioner fra Østifternes Stænderforsamling i Aaret 1846". Teksten, der findes i tekstsamlingens kap. XVI, samler sig om tre emner: Dels en redegørelse for sagens gang gennem fremlæggelse, foreløbig og endelig behandling, dels et motiverende afsnit og endelig den egentlige petition. Mens der ikke er nogen grund til at repetere sagens gang, er det motiverende afsnit af flere grunde interessant:

Forsamlingen erkjender, at der i den senere Tid er foretaget ikke faa Skridt i de Ufries Interesse, hvormed deres Tilstand, navnlig i materiel Henseende, maa betegnes som nogenlunde beroligende. Men, ligesom Slaveriet i sit Væsen maa betegnes som en Indretning, der strider mod Christendom og Civilisation, og hvis Ophævelse er erkjendt som en retfærdig Fordring af alle oplyste Nationer, saaledes lægger Ufriheden og alle de Forhold i Colonierne, som ere uadskilleligen forbundne med samme, de største Hindringer iveien for Ægteskab og et virkeligt Familieliv, der maatte danne Grundvolden for ethvert betydningsfuldt Fremskridt blandt Negerne. En fuldstændig Emancipation af de Ufrie i de danske Colonier er derfor et Anliggende, der, efter Forsamlingens Overbeviisning, har Krav paa Deres Majestæts fortrinlige Opmærksomhed.

Her bemærkes den elegante måde, hvorpå man har løst det problem, der var opstået, da stænderforsamlingen vedtog petitionen, men forkastede præmisserne. Man har formuleret en række *nye præmisser,* der intet havde med "pecuniære Opoffrelser" at gøre. I stedet bringes en tekst, der ikke alene gengiver essensen af H.N. Clausens tale, men hvor tråden umærkeligt knyttes tilbage til Forordningen af 1792, en begivenhed alle var stolte af, da den sammen med stavnsbåndets ophævelse var et vidnesbyrd om den danske nations højt oplyste og kristeligt civiliserede stade. Efter endnu nogle bemærkninger om fremgangsmåden i sagsbehandlingen følger selve petitionen i en kort og klar formulering:

> Forsamlingen har … besluttet, allerunderdanigst at petionere Deres Majestæt om:
> At Deres Majestæt vil lade forelægge den næste Stænderforsamling et, paa omhyggelige locale Undersøgelser bygget, Lovudkast til en fuldstændig Emancipation af de Ufrie i de dansk-vestindiske Colonier.
>
> *H.N. Clausen*   *Knuth* (s. XXV-XXVI)

Formuleringen er en nøjagtig gengivelse af første punkt i den tekst, man havde stemt om den 26/8, dog med den nødvendige ændring, at petitionen indeholder en direkte, personlig henvendelse til "Deres Majestæt". Hvilken virkning denne henvendelse ville få – om overhovedet nogen – kunne man i efteråret 1846 ikke vide.

I PETITIONENS KØLVAND

De nørrejyske stænder

En eftervirkning, som var at forudse, var den omstændighed, at petitionen også skulle behandles af Stænderforsamlingen for Nørrejylland. De nørrejyske stænder mødtes i Viborg i årets sidste måneder. En petition om slavefrigørelse i dansk Vestindien blev her anmeldt den 23/10 af landsdommerretsprokurator C.M. Jespersen.

165

Den indledende behandling af sagen fandt sted få dage senere, den 26/10. I sin forelæggelse refererede proponenten den tale, som H.N. Clausen havde holdt forud for afstemningen i Østifternes stænderforsamling den 26/8. Derudover understregedes, at den kendsgerning at slavefrigørelsen var gennemført på de britiske vestindiske øer, nødvendigvis måtte medføre, "at det vil være umuligt for en enkelt Stat at modsætte sig samme" (*Stændertidende Nørre-J.* sp. 47).

Teksten til den petition, der afsendtes af de nørrejyske stænder, minder i mangt og meget om den, der fremsendtes af Østifternes stænderforsamling. Blandt afvigelserne noteres dels den citerede henvisning til slavefrigørelsen i de britiske kolonier, dels at man i den afsluttende del af petitionens tekst indføjede et ønske om at få underretning om, hvorledes midlerne til dækning af udgifterne kunne tilvejebringes.[48]

Christian VIIIs reskripter af 28. juli 1847

Efter at de to petitioner var indgået, handlede regeringen hurtigt. Sagens forløb er beskrevet i *Ny Collegial-Tidende*. Da der naturligvis ikke kunne være tale om at underrette den danske befolkning, før sagen havde været forelagt øernes generalguvernør, kunne resultatet først offentliggøres d.4/9-1847. Under "Blandede Efterretninger" omtales og citeres først de næsten enslydende petitioner fra Østifternes og Nørrejyllands stænderforsamlinger. Derpå redegøres for den korrespondance, der siden er ført med generalguvernør Peter v. Scholten, og til sidst offentliggøres de to reskripter sagen vedrørende, som kongen under 28.juli 1847 havde ladet tilgå generalguvernøren. Denne forsikres indledningsvis om majestætens "synderlige Gunst". Derpå meddeles følgende:

Det er Vor, ved Retfærdigheds- og Humanitets-Motiver og ved Hensyn til Vore Vestindiske Coloniers og Planternes egen Interesse frem- <s. 666> kaldte Kongelige Villie, at den Raadighed over de Ufrie, hvoraf Eierne for Tiden ere i Besiddelse, skal ophøre, dog saaledes, at denne Forandring, for at alle Vedkommendes Tarv kan blive iagttaget og de fornødne Forberedelser til Overgangen trufne, skal indtræde 12 Aar efter Datum af denne Vor allerhøieste Resolution og i Mellemtiden de nu bestaaende Forhold vedblive.

Det er derhos vor allerhøieste Villie, at Børn af Ufrie, som fødes efter Datum af denne Vor allerhøieste Resolution, skulle fra Fødselen af være frie, men dog forblive hos Moderen eller Forældrene under visse Bestemmelser, hvorom Vi forbeholde Os at afgive nærmere allerhøieste Resolution.

Ved at tilkjendegive Dig Foranstaaende, paalægge Vi Dig derhos at bringe Indholdet af dette Vort allerhøieste Reskript til offentlig Kundskab i Vore vestindiske Colonier. (s. 665-666)

Umiddelbart derefter pålægges generalguvernøren i det andet reskript af samme dato at nedsætte en kommission, der kan afgive detaljerede forslag til den mest hensigtmæssige udførelse af de bestemmelser, der er indeholdt i det forudgående reskript. Formålet er "at forberede Overgangen til den forandrede Stilling for de Ufrie, og, naar denne er indtraadt, at sikkre Negernes Subsistens, Plantagernes Dyrkning ved frit Arbeide, og overhovedet Coloniernes og Befolkningens Tarv" (s. 666). Et par måneder senere, den 13/11-1847, bekendtgjordes, at generalguvernør P.v. Scholten havde meddelt, at han på majestætens fødselsdag den 18. september havde bragt kongens beslutning som formuleret i det første af de to reskripter "til offentlig Kundskab" i de dansk vestindiske kolonier.[49] Den danske offentlighed blev således underrettet to uger før befolkningen på de vestindiske øer. Det var de pågældende dog lykkeligt uvidende om. De var jo adskilt fra moderlandet af "halve Jorden" og "uhyre Hav", som Oehlenschläger så træffende havde udtrykt sig.

For Schouw og for slavekomiteens øvrige medlemmer har det været en ikke ringe tilfredsstillelse at læse denne bekendtgørelse. Ikke alene blev petitionen nævnt som den direkte anledning til, at majestæten nu udsendte et reskript om frigivelse af slaverne på de dansk vestindiske øer. Men i det første reskript fremhæves udtrykkeligt de "Retfærdigheds- og Humanitets-Motiver", der lige fra begyndelsen i 1839 havde været det altoverordnede incitament til slavekomiteens oprettelse og politiske initiativ. Yderligere kunne man glæde sig over, at der nu var fastsat en tidsfrist, inden for hvilken slavefrigørelsen skulle finde sted. Reskriptet indeholdt dog også momenter, man måtte forholde sig spørgende overfor. Var tolv år ikke en rigeligt lang overgangstid, når man betænker, at englænderne kunne frigøre deres over 800.000 slaver på den halve tid? Dernæst måtte man spørge, om det ikke ville give anledning til utallige problemer, at reskriptet fastslog, at de børn, der fødtes efter den 28/7-1847 var frie, mens forældrene fortsat var slaver? Under alle omstændigheder var denne bestemmelse klart i strid med ønsket om "en fuldstændig og samtidig ... Frigivelse", som det hed i komiteens oprindelige oplæg. Hvorom alting er, så måtte man dog konstatere, at komiteen, hvad hovedsagen angår, havde opnået et tilstrækkeligt tilfredsstillende resultat af sine betræbelser.

Slavekomiteen reduceres

I et brev dateret 26/8-1846 fra David til Schouw havde førstnævnte rejst spørgsmålet, om hvem der var "den rette Mand" til at indbringe sagen for de nørrejyske stænder. Efter at det var blevet afklaret, at denne mand var prokurator Jespersen (jf. ovenfor), kunne Schouw tage det næste skridt og informere vennerne hinsides Vesterhavet om den stedfundne udvikling. I september 1846 udarbejdede han derfor dels et udkast på seks sider til en skrivelse, der kunne tilgå British

and Foreign Anti-Slavery Society, dels et kort udkast til et ledsage-
brev på nogle få linier. Af materialet i Schouws arkiv fremgår, at han
endvidere – formentlig samtidigt – udarbejdede et udkast til en eng-
elsk oversættelse af ledsagebrevet. Dog oversættes kun indgangene
til enkelte vigtige afsnit. Redegørelsen beskriver sagens gang, herun-
der det sidste initiativ med hensyn til at indbringe sagen for stænder-
forsamlingen i Nørrejylland.

Brevet afsendtes den 1. oktober 1846, hvilket fremgår af svarbre-
vet fra England, nemlig et brev dateret 8/12-1846 fra BFASS-sekre-
tæren John Scoble. Ifølge brevudskriften er brevet sendt til "Profes-
sor N.F.S. Grundtvig, etc.etc.etc., Copenhagen, Denmark". At net-
op Grundtvigs navn står som adressat kan skyldes, at hans navn stod
først blandt de fire navne under skrivelsen af 15/4-1845 (se ovenfor).
At skrivelsen er stilet til hele komiteen, fremgår imidlertid af, at fire
navne – Grundtvig, Monrad, Schouw og Raffard – er anført til aller-
sidst i brevet, efter afsenderens underskrift. At Davids navn ikke
figurerer, skyldes den tilfældige omstændighed, at han var bortrejst,
den gang skrivelsen af 15/4-1845 skulle afsendes. Scobles brev lyder:

Dear Sirs,

Your kind favor of the 1. Oct. last, just reached London in time to enable me to
insert in the Anti-Slavery Reporter for December, the result of your late move-
ments in the Provincial Assembly held in Roskilde, in relation to the Abolition
of Slavery in the Danish West India Islands, and the further steps, you propose
taking in the Assembly to be held in Viborg. On behalf of the London
Committee allow me to offer you their sincere thanks for this communication,
and to say how much we are cheered by your activity and zeal in the cause of
human freedom. We trust you will soon have the unalleged satisfaction of rea-
ping the reward of your labors, in the complete liberty of many poor African
slaves, belonging to your country.

På den følgende side tilsiger Scoble komiteen den støtte, man måtte have brug for i form af bøger og andet dokumentationsmateriale. Der orienteres kort om sagens fremgang i Amerika og Frankrig. På tredje side slutter brevet som følger:

Anticipating the pleasure of shortly hearing from you again, and wishing you all success in your noble efforts for the Slave,

I am,

My dear Sirs,

Yours respectfully and truly

John Scoble,

Secretary[50]

Scobles brev, der er poststemplet i Altona den 11/12-1846, er ankommet til København få dage senere. Grundtvig har hurtigt videresendt brevet til Schouw, der den 15/12 rundsendte brevet til komiteen med en forespørgsel, om man ikke skulle citere et par linier fra brevet sammen med en offentliggørelse af en af *Anti-Slavery Reporters* artikler.

Påtegninger:

Monrad, der i mellemtiden var blevet sognepræst i Vester Ulslev på Lolland (se note 46), og derfor reelt var udtrådt af komiteen, fik ikke brevet til udtalelse.

David: "Da det medfølgende Brev ikke er til mig, kan jeg selvfølgeligen ikke have Stemme med Hensyn til dets Offentliggørelse".

Raffard svarede positivt på forespørgslen.

Grundtvig: "At Brevet er til os alle, undrer det mig, at Hr. Prof. David kan enten have omtvivlet eller overseet, og skade kan det allenfals ikke, som Hr. Prof. Schouw har foreslaaet, med nogle Linier at minde Publicum om Sagen ved denne Leilighed."

I et brev af 21/12 fra Schouw til David beklager førstnævnte, at David har taget det ilde op, at Scobles brev ikke også var adresseret til ham. Forklaringen er, at David var bortrejst, da beretningen og brevet skulle afsendes. Det faldt ikke Schouw ind at tilføje Davids navn, "thi dette fulgte af sig selv". I et brev af 22/12 erklærer David imidlertid, at han føler sig forbigået og ventilerer muligheden af at trække sig tilbage. Samme dag rundsender Schouw brevvekslingen til komiteen.

Påtegninger:

Raffard: "Pauvre David. Tempora mutantur, et nos mutamur in illis." (Stakkels David. Tiderne skifter, og vi forandres i løbet af disse).

Grundtvig: "At Hr. Prof. David kunde formalisere sig over, at Brevet til det Engelske Selskab hverken var sendt til hans Underskrift eller undertegnet tillige paa *hans* Vegne, det kan jeg nok forstaae, og vi burde i den Henseende strax gjort ham en Undskyldning, men at han istedenfor at bemærke det, under et intetsigende Paaskud unddrog sig fra at give nogen Stemme om den Sag, der var paa Bane, synes at vise, at han ikke vil have mere med os at gjøre, og derom nødes vi da vel paa en artig Maade at udbede os hans Mening."

Grundtvigs mæglingsforsøg er tilsyneladende mislykkedes. Schouw valgte i første omgang at lade som om, at alt var ved det gamle. I et brev dateret 29/1-1847 spørger Schouw hele slavekomiteen, inclusive David, om man skal underrette BFASS om sagens udfald i de nørrejyske stænder.

Påtegninger:

David svarer, at han allerede har meddelt, at han "ikke længere kan deltage i de Herrers Beslutninger og Virksomhed denne Sag betræffende".

171

Raffard erklærer sig enig med Schouw.

Grundtvig: "Ligeledes". Dette ene ord var Grundtvigs sidste i denne omgang.

I dagene 8.-11. februar cirkulerede endnu tre breve, hvor Schouw bl.a. gav David en undskyldning. David er dog stadig utilfreds med, at Schouw tilsyneladende ikke kan indse, at han kan have "skjellig Grund" til at føle sig tilsidesat. Bruddet var og blev uoprettelligt. Med denne lidt triste udgang af brevvekslingen var slavekomiteen reduceret til tre medlemmer: Schouw, Raffard og Grundtvig.

Fortsat korrespondance med British and Foreign Anti-Slavery Society

Brevene fra februar 1847 er de sidste, der findes i Schouws arkiv. I-midlertid forholder det sig så heldigt, at slavekomiteens fortsatte virke kan følges i korrespondancen med BFASS. Som bebudet i Scobles brev af 8/12-1846 bragte *Anti-Slavery Reporter* i sit december-nummer en meddelelse om, at man fra den danske komite havde modtaget kopi af petitionen, som den 23/7-1846 havde været til indledende behandling i Østifternes stænderforsamling, og som var underskrevet af "C.N. David, professor, N.F.S. Gruntvig (sic!), parish priest, D.G. Monrad, M.A., Rafford (sic!), pastor and Schow (sic!), professor". Præsidenten, H.N. Clausens, "able speech" ved sagens endelige behandling nævnes, den vedtagne første del af petitionen citeres, og stemmetallene anføres (ASR 1846 p. 200).

I tidsskriftets første nummer i det nye år, dateret 1/1-1847, kommer man tilbage til sagen. Her meddeles navnene på de fem personer, der indgik i stænderforsamlingens komite (ASR 1847 p. 12). En måned senere bringes en detaljeret redegørelse for sagens gang og afslutning (pp. 27-28). I oktober-nummeret, dateret 1/10-1847, omtales et brev om den danske konges reskript af 28/7-1847 (p. 155).

Og atter en måned senere, i november-nummeret dateret 1/11-1847, omtales et brev dateret 20/9-1847 fra Raffard til Scoble. Brevet indeholder en oversættelse af de to reskripter fra juli 1847. I den forbindelse citeres Raffards ledsagebrev:

But before transcribing them (dvs. reskripterne), we deem it our duty to present to your estimable colleague, Mr. Alexander, our sincere and grateful thanks, for having given, during his visit to Copenhagen, such an impulse to our efforts. We shall ever consider him to be the prime mover in this great and good cause ... Such is, my dear Sir, the point at which we have now arrived. We shall not fail to let you know of our subsequent progress, as soon as possible. May God bless your efforts. We shall ever remain in our humble sphere, your most grateful and devoted fellow-labourer.

In the name of the Committee

Your humble Servant,

Raffard, Pastor[51]

Man kan undre sig over, at Raffard omtaler Alexanders besøg i ental, da han jo vitterligt var to gange i København. Måske har han tænkt på det første besøg, der gav anledning til komiteens oprettelse.

Man bemærker den smukke hyldest til G.W. Alexander, hvis inspiration jo allerede var klart erkendt af Schouw i dennes allerførste brev fra september 1843. Endvidere noteres, at udviklingen i årets første måneder ikke har givet anledning til, at komiteen blev nedlagt. Tværtimod erklærer Raffard på komiteens vegne, at han nok skal holde BFASS underrettet om "our subsequent progress". Raffard holdt sit løfte. I januar-nummeret dateret den 1/1-1848, kunne *Anti-Slavery Reporter* meddele, at den danske konges reskript om slaveriets ophævelse nu var blevet offentliggjort på de dansk vestindiske øer. Kilden er utvivlsomt bekendtgørelsen herom i *Ny Collegial-Tidende* den 4/9-1847, som Raffard må have fået oversat og sendt til

BFASS. Næste gang, tidsskriftet kan meddele nyt om udviklingen på de dansk vestindiske øer, i september 1848, kunne man ikke som tilforn blot orientere om forberedende initiativer. Nu kunne man melde om helt afgørende, dramatiske begivenheder, der gav omgående og "complete emancipation to all slaves" (ASR 1848 p. 198). Fra september 1848 og frem til oktober 1849 bringer *Anti-Slavery Reporter* nu og da korte meddelelser om udviklingen i dansk Vestindien, men intet om slavekomiteen. Korrespondancen er afsluttet efter ni år, i tiåret efter, at den første slavekomite blev dannet i efteråret 1839.

EN FRANSK FORBINDELSE

I sommeren 1847 modtog Grundtvig et for ham højst overraskende brev, der meddelte, at han var blevet foreslået som æresmedlem af Institut d'Afrique i Paris. Brevet, der findes i Grundtvig-arkivet, er dateret 24/7-1847. Teksten lyder:

Monsieur

Je m'acquitte d'un devoir en vous informant que, désigné aux suffrages du Conseil Supérieur de l'Institut d'Afrique, par son Comité de présentation vous avez été proposé comme "Membre titulaire de cette Société."

Confiant dans vos sentiments et dans vos lumières, l'Institut espère que vous aimerez à concourir par votre Suffrage, avec les hommes génereux du Globe à l'oeuvre Chrétienne de l'abolition de la traite et de l'esclavage.

Le Conseil, après avoir reçu votre adhésion, vous fera parvenir franc de port votre Diplôme.

Veuillez agréer, Monsieur, l'assurance de notre haute considération

Le Secrétaire Général (sign.) Hip. De Saint-Anthoine

Chevalier de plusieurs Ordres

Mr. N.F.S. Gruntwig (sic!)[52]

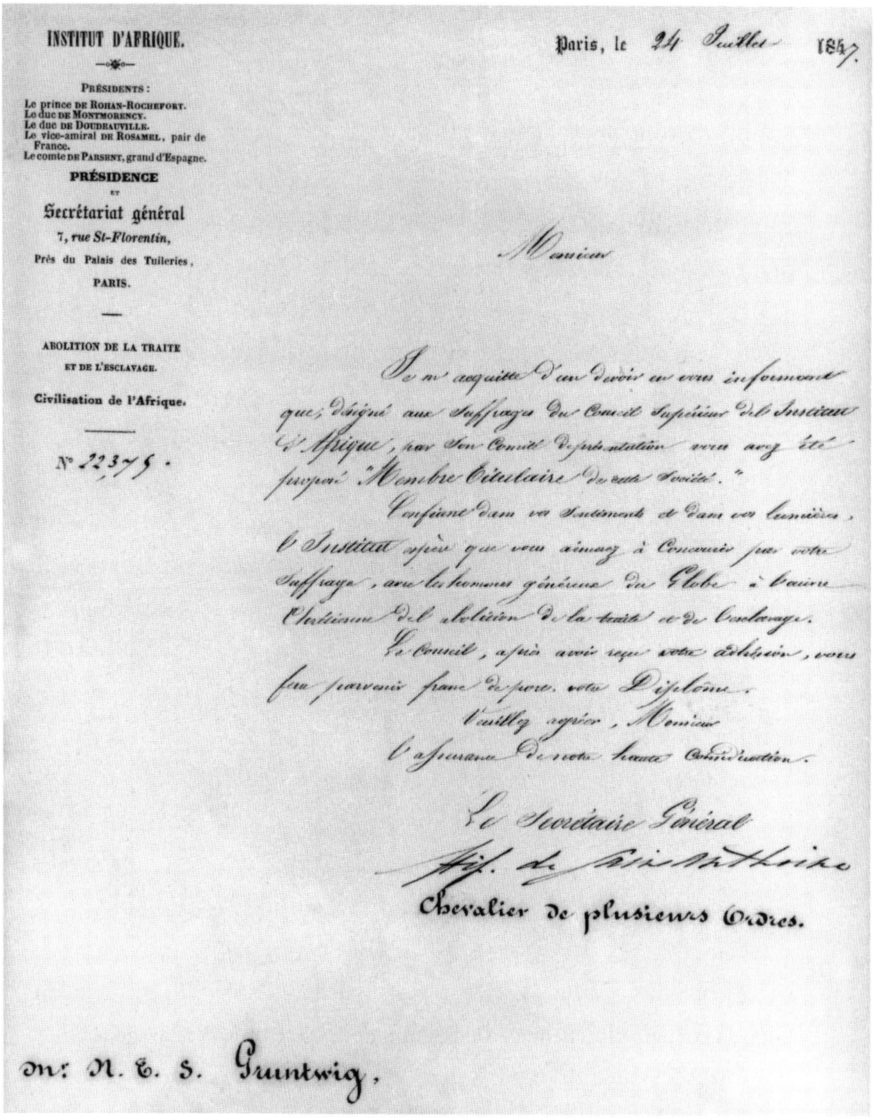

INSTITUT D'AFRIQUE.

Paris, le 24 Juillet 1847.

PRÉSIDENTS :
Le prince DE ROHAN-ROCHEFORT.
Le duc DE MONTMORENCY.
Le duc DE DOUDEAUVILLE.
Le vice-amiral DE ROSAMEL, pair de France.
Le comte DE PARSENT, grand d'Espagne.

PRÉSIDENCE
ET
Secrétariat général
7, rue St-Florentin,
Près du Palais des Tuileries.
PARIS.

ABOLITION DE LA TRAITE
ET DE L'ESCLAVAGE.

Civilisation de l'Afrique.

N° 2237 5 .

[Handwritten letter in French]

Le Secrétaire Général
[signature]
Chevalier de plusieurs Ordres.

Mr. N. F. S. Gruntvig,

Skrivelse af 24/7-1847 fra Institut d'Afrique i Paris til Grundtvig. Skrivelsen er underskrevet af instituttets generalsekretær Hippolyte de Saint-Anthoine. Grundtvig indbydes til at lade sig udnævne til titulært medlem af instituttet, der virkede for slavefrigørelsen. N.F.S. Grundtvigs arkiv, Kgl. Bibliotek, Håndskriftsamlingen.

175

Skrivelsen ledsages af et trykt bilag forsynet med den håndskrevne dato 24/7-1847. På første side gøres rede for instituttets formål og virke. På side 2 bringes anbefalinger fra verdslige og kirkelige øvrighedspersoner. På tredje side er trykt instituttets vedtægter. Her bemærkes §13 om titulære medlemmer, "Membres titulaires". Disse forventes årligt at betale 20 francs eller 200 francs én gang for alle. På den fjerde og sidste side bringes navnene på selskabets medlemmer opdelt i tre grupper: "Protecteurs", "Bienfacteurs" og "Membres". Ingen af de her nævnte personer kan umiddelbart sættes i forbindelse med Grundtvigs historie.

Om l'Institut d'Afrique vides ikke meget. Ifølge oplysninger indhentet i Paris[53] eksisterede instituttet kun i en kort årrække, fra 1841 til 1847. Dets formål var, som det fremgår bl.a. af brevpapiret (se illustrationen s. 175), ophævelse af slavehandelen og af slaveriet som sådant, men kombineret med et civilisatorisk initiativ: "Civilisation de l'Afrique". Instituttets formål ses således at være dybt rodfæstet i oplysningstidens grundlæggende ideer. Lidt udførligere gøres der rede for formålet i en firesidet pjece, der uvist hvorledes er havnet i Worcester College Library i Oxford. Pjecen findes i et samlebind, der indeholder en række småtryk om slavefrigørelsen.

Instituttet var en af mange samtidige – og indbyrdes konkurrerende – sammenslutninger, der i Frankrig virkede for slaveriets ophævelse. Den største og vigtigste organisation var "La Société française pour l'abolition de l'esclavage", stiftet i 1833. Udsendinge fra BFASS i London, bl.a. den allestedsnærværende G.W. Alexander, rapporterede hjem i 1844, at det var vanskeligt at finde rede i dette mylder af initiativer, men at situationen dog ikke var håbløs (Temperley p. 186). I dette miljø kan l'Institut d'Afrique tænkes at have haft svært ved at gøre sig gældende.

I Lawrence C. Jennings' værk *French Anti-Slavery* (2000) får instituttet et par kritiske bemærkninger med på vejen. Formålsbeskrivelsen citeres og karakteriseres af Jennings (pp. 207-209) som vagt formuleret uden tegn på nogen dybtgående sagkundskab. Sandsynligvis har Institut d'Afrique søgt at styrke sin position ved at opbygge et netværk af udenlandske kontakter. Man har derfor skrevet til en række kulturpersonligheder, heriblandt til pastor Grundtvig, hvis navn man kendte fra *Anti-Slavery Reporter* (NB stavemåden Gruntwig!). Endvidere har man søgt at alliere sig med BFASS, i hvis arkiv der findes en halv snes breve fra Hippolyte de Saint-Anthoine. Brevene er skrevet i perioden 1839-1844.

Det vides ikke, om Grundtvig har svaret på denne henvendelse. Det er ikke sandsynligt. Dels var hans begejstring for Frankrig mildest talt begrænset, dels ville det ikke falde ham ind at betale for æren.

SAGENS AFSLUTNING

SLAVEFRIGØRELSEN I 1848

Proklamation og bekendtgørelser

Slavefrigørelsens helt afgørende begivenhed var generalguvernør Peter v. Scholtens proklamation den 3. juli 1848 (jf. ovenfor s. 23). Overfor en menneskemængde forsamlet i Frederikssted på St.Croix udtalte han de berømte ord: "Now you are free. You are hereby emancipated!" Uden forbehold af nogen art og med øjeblikkelig virkning. "*Now* you are free!" Slavernes frigivelse var dermed reelt en kendsgerning. Af formalia krævedes imidlertid derudover, dels at proklamationen blev offentligt bekendtgjort ved en trykt meddelelse til øernes befolkning, dels – det allervigtigste – at generalguvernørens beslutning blev godkendt af regeringen i København.

Proklamationen, der er dateret den 3/7-1848, forelå trykt den følgende dag. Teksten, der er affotograferet hos Hornby (s. 258), omfatter fire punkter. I det første bekendtgøres, at alle de "Ufrie" på øerne er frie fra og med proklamationens dato at regne. Det andet punkt sikrer de tidligere slaver brugsret til deres hytter og køkkenhaver i tre måneder. Punkt tre fastslår, at for fremtiden skal arbejde aflønnes efter overenskomst. I fjerde punkt forpligtes de tidligere slaveejere til at sørge for "Gamle og Svage, som ere ude af Stand til at arbeide".

Ophævelsen af negerslaveriet godkendtes af den danske regering med proklamation underskrevet af kong Frederik VII den 22/9-1848. Dokumentet citeres her efter *Kjøbenhavnsposten* den 16/12-1848:

Vi Frederik den Syvende etc. gjøre vitterligt: Da vi have bragt i Erfaring, at Negrene paa Vore vestindiske Øer have ytret et levende Ønske om, at den ufrie Tilstand, hvori de hidtil have befundet sig, allerede nu maa ophøre, uden at den i Vor forevigede Fader, Hs. Maj. Kong Christian den Ottendes allerh(øjeste) Rescript af 28de Juli f.A. (dvs. forrige Aar) allern(aadigst) bestemte Frist afventes, og at derfor Vor General-Gouverneur, Generalmajor v. Scholten, har fundet Anledning til paa vore Vegne at opfylde dette Ønske ved sin Proclamation af 3die Juli d.A. (dvs. dette Aar), saa ville Vi derved have allern(aadigst) bifaldet og stadfæstet den af ham truffne Foranstaltning, saaledes at herefter ingen ufri Tilstand for nogen Deel af Befolkningen skal bestaae paa Vore vestindiske Øer.

Proklamationen fortsætter med at anføre kongens "allerhøjeste Mishag" med de "Uordener" og "Udsvævelser", der har fundet sted efter frigivelsen. Majestæten har dog tillid til, at disse uordener vil blive erstattet af "Sædelighed, Flid og Vindskibelighed". Endvidere meddeles, at etatsråd Peter Hansen er blevet konstitueret som generalguvernør. Proklamationen slutter med ordene:

I Tillid til det alvise Forsyn, som understøtter alle gode og retsindige Idrætter, nære Vi saaledes det Haab at kunne berede en lykkelig Fremtid for Vore vestindiske Øer, hvis hele Befolkning, Vi omfatte med lige landsfaderlig Kjærlighed.
Givet paa Vort Slot Christiansborg, den 22de September 1848.
Under Vor Kongelige Haand og Segl
    Frederik R.

Slaveriets ophævelse var hermed officielt og endegyldigt bekendtgjort af den danske regering. I nærværende sammenhæng melder sig nu spørgsmålet om Grundtvigs kendskab til denne udvikling.

Grundtvigs sidste udtalelse

Det er sandsynligvis ved læsning af dagbladene *Berlingske Tidende* og *Fædrelandet*, at Grundtvig har fået de første underretninger om slavefrigørelsen. *Berlingske Tidende* var i disse år Grundtvigfamiliens daglige avis, som for øvrigt omhyggeligt videresendtes til sønnerne Johan og Svend, der gjorde militærtjeneste i Jylland og på Als.[54] Endvidere udtalte Grundtvig ofte sit mishag med artikler i *Fædrelandet.* Man må derfor antage, at han om ikke hver dag så dog jævnligt gjorde sig bekendt også med dette dagblads indhold.

Berlingske Tidende er tilsyneladende først på pletten med nyheden om de dramatiske begivenheder i dansk Vestindien. Den 10/8 kunne man på grundlag af efterretninger modtaget via et skib, der var ankommet til Hamburg, berette om en "Neger-Opstand paa de dansk-vestindiske Øer", samt meddele, at "Emancipationen blev nu proclameret". Den 17/8 bringes en kort notits om militære foranstaltninger på øerne. Den følgende dag, den 18/8, kan man på grundlag af private efterretninger – formentlig breve – bringe en meget udførlig beskrivelse af begivenhedsforløbet.

Fædrelandet oplyser den 11/8, altså en dag senere end *Berlingske Tidende*, at slavefrigørelsen har fundet sted; den 14/8 bringes en lidet positiv skildring af generalguvernør Peter v. Scholtens håndtering af situationen. Endvidere bemærkes, at begge dagblade bygger deres efterretninger på udenlandske oplysninger. *Berlingske Tidende* har benyttet en tysk kilde, og *Fædrelandet* citerer en artikel trykt i det engelske dagblad *Times.* I begge tilfælde bliver Peter v. Scholtens proklamation af 3. juli 1848 først kendt i Danmark mere end en måned efter denne dato.

I Grundtvigs omfattende korrespondance fra årets sidste måneder, nærmere bestemt fra august til og med december, findes tilsyneladende ikke en eneste hentydning til eller omtale af slavefrigørelsen. Ej heller i det af Grundtvig skrevne og udgivne ugeblad *Danskeren* finder man inden for den nævnte periode en eneste kommentar til de vestindiske begivenheder, som han ud fra sin daglige avislæsning ikke kan have undgået at have haft kendskab til. Årsagerne til denne larmende tavshed har sandsynligvis været flere. De emner, Grundtvig først og fremmest har beskæftiget sig med, både i korrespondancen og i *Danskeren,* er krigen, det slesvigske spørgsmål, valget til den grundlovgivende rigsforsamling og – sidst men ikke mindst – hans eget valg til medlem af denne forsamling. Af sekundære emner spiller spørgsmålet om Sorø Akademis fremtid en vis rolle. Trods skuffelsen i årets første måned havde Grundtvig ikke opgivet håbet om at få akademiet omdannet til en folkelig højskole. I den grundlovgivende rigsforsamling fandt han et nyt forum, hvor han kunne fremføre sine tanker. Allerede i begyndelsen af december, den 9/12-1848, rettede han i rigsforsamlingen en forespørgsel til kultusminister J.N. Madvig desangående (GSkV II, 268-274). Men om slavernes frigørelse ikke et ord.

Og dog. Midt imellem to store politiske sager, som Grundtvig i december 1848 var stærkt optaget af, dels Sorø-spørgsmålet og dels debatten om den almindelige værnepligt, finder han anledning til i rigsforsamlingen at udtale sig om slavesagen. Den 14/12 rettede H.P. Hansen[55] et spørgsmål til regeringen, en såkaldt Interpellation, angående tilstandene på de vestindiske øer, specielt om de økonomiske udsigter efter sommerens begivenheder. Selv om erstatningsspørgsmålet ikke var hovedsagen i denne sammenhæng, kunne det dog ikke undgås, at såvel erstatningsspørgsmålet som det tidligere ejendomsretlige forhold, hvormed man søgte at begrunde erstatningskravet, flere gange blev nævnt. Især omtalen af dette forhold kaldte Grundtvig frem på banen. Ved debattens afslutning tog han derfor ordet for følgende bemærkning:

Grunden, hvorfor jeg i dette Øieblik udbeder mig Forsamlingens Opmærk-
somhed, er blot den, at da ogsaa jeg hører til dem, som virkede det Lidet, de
kunde, herhjemme til Negerslaveriets Ophævelse paa de dansk-vestindiske
Øer, saa kan jeg ikke undlade at modsige, hvad der ved denne Forespørgsel
gjentagende er bleven yttret, at det skulde erkjendes, at man virkelig kan have
fuld Eiendomsret over sine Medmennesker, hvilket jeg derfor her i mit eget og,
jeg skulle troe, i alle Meneskevenners Navn protesterer imod.[56]

Denne udtalelse rummer tre vigtige momenter: Først er der Grundt-
vigs motivering for at have bedt om ordet; dernæst kommer selve
protesten, og som det tredje og sidste protestens begrundelse.

Grundtvigs motivering for overhovedet at udtale sig om denne
sag er, at han hører til *"dem, som virkede det Lidet, de kunde"* til sla-
veriets ophævelse. Det bemærkes, at Grundtvig her hverken henviser
til egne skrifter eller til historiens tale, men til noget, han sammen
med nogle andre har udrettet. De personlige sammenhænge, der re-
fereres til, må i første række være slavekomiteen; i anden omgang må
han have tænkt på J.F. Schouw og de gode folk i Roskilde stænder-
forsamling, især C.N. David og H.N. Clausen. I udkanten af den kon-
tekst, der henvises til, skimter man kollegerne i British and Foreign
Anti-Slavery Society. Når de danske initiativtageres indsats betegnes
som "Lidet", behøver det ikke alene at være udtryk for en klædelig
beskedenhed. Der kan lige så godt være tale om en nøgtern konstate-
ring af, at under enevælden var mulighederne faktisk begrænsede.
Det er vel også det, der ligger i tilføjelsen "det Lidet, *de kunde"*.

Selve protesten er enkel og principiel. Den drejer sig om, at det
er umuligt at "erkjende", dvs. at respektere som en gyldig argumen-
tation, at man kan have ejendomsret over et medmenneske. Ud-
talelsen begrundes med, at protesten er fremført både *"i mit eget"* og
"i alle Menneskevenners Navn". Når Grundtvig anfører et argu-
ment *"i eget … Navn"*, er det nærliggende heri at se en henvisning til

den kristne tro, han selv bekender sig til, men som han i verdslige anliggender ikke vil forvente, at alle kan godkende som grundlag for en diskussion. Hvad Grundtvig specielt tænker på, behøver man ikke at være i tvivl om. Ligesom i udkastet fra efteråret 1839 er det afgørende også her hans overbevisning som troende kristen, at mennesket er skabt i Guds billede, og at det derfor er grundlæggende forkert at behandle medmennesker "som Vahrer ... som Huus-Dyr". Men dertil føjes: "i alle Menneskevenners Navn". Med valget af netop denne formulering knyttes forbindelsen tilbage til oplysningstiden og dermed til et bredere etisk værdigrundlag. Der knyttes en forbindelse tilbage til Forordningen af 16/3-1792, til Mallings læsebog, til "de folkelige Forstands-Digtere" Pram, Thaarup og Tode. Endelig kan man i den valgte formulering også se en forbindelse til H.N. Clausens fornemme tale i stænderforsamlingen den 26/8-1846, hvor han protesterede mod slaveriet som en "Fornedrelse af Menneskenaturen".

I lyset af disse perspektiver fremstår udtalelsen fra december 1848 både som en koncentreret sammenfatning af og som en værdig afslutning på Grundtvigs engagement i slavesagen.

EFTERSPIL

Erstatningssagen

Som det er fremgået, spillede spørgsmålet om erstatning til de tidligere slaveejere en vigtig rolle i den politiske behandling af slavesagen lige fra midten af 1830'erne til 1848. I sommeren 1849 var problemet blevet udskudt (jf.Hornby s. 273-274), men vel at mærke ikke afvist. Ved treårskrigens afslutning i 1851 var tiden inde til at påbegynde den proces, der skulle føre til sagens endelige afgørelse med loven af 23/7-1853.

184

Sidste gang Grundtvig udtalte sig om slavefrigørelsen var i december 1848. Erstatningssagen falder derfor strengt taget uden for rammerne af nærværende fremstiling. Alligevel bør erstatningssagen ikke forbigås her. Af to grunde. Dels kan det have en vis interesse at undersøge om – og i givet fald i hvilket omfang – de øvrige fire medlemmer af slavekomiteen engagerede sig i dette efterspil, hvis allersidste fase var rigsdagens behandling af sagen i 1852-53. Dels kræver det en forklaring, at Grundtvig ikke udtalte sig i anledning af sagens afslutning, en sag som han – som det skulle vise sig – havde haft flere tilskyndelser til at ytre sig om.

Tre af de tidligere komitemedlemmer var af forskellige grunde forhindret i at gå ind i sagen. Slavekomiteens formand, *J.F. Schouw*, der af helbredsgrunde havde trukket sig ud af politik i 1850, døde i april 1852. Komiteens sekretær, pastor *Jean-Antoine Raffard*, havde taget sin afsked i juli 1851 og var derefter rejst til Sydafrika for at slutte sig til sin derboende datter (jf. Clément og Nicolet). Et tredje komitemedlem, *D.G. Monrad*, var i februar 1849 blevet udnævnt til biskop over Lolland-Falster stift. Monrad opnåede hurtigt ry for at være særdeles omhyggelig i varetagelsen af dette embede. Ikke desto mindre havde han sæde i Folketinget i perioden fra 4/12-1849 til 27/5-1853. Han havde derfor i hvert fald fysisk mulighed for at bidrage til debatten, en mulighed han imidlertid ikke synes at have benyttet sig af. Det har givetvis knebet med tiden.

Tilbage var *C.N. David*, der var medlem af Folketinget fra 4. december 1849 til 4. august 1852. Han havde derfor kun mulighed for at tage del i sagens foreløbige behandling i februar 1852, ikke i den afsluttende behandling i juli 1853. Til gengæld benyttede han sig af den førstnævnte mulighed. Davids indlæg under sagens foreløbige behandling er præget af stor energi og oplagthed. Ved sagens fremlæggelse tog han straks ordet for et udførligt indlæg, der strækker sig over hele tolv spalter i *Rigsdagstidende*.[57] Her angriber David de tidligere slaveejeres krav om erstatning. Af principielle grunde må fastholdes, at "Eiendom over en anden Person er en Uting". "Hør!" lød det i salen. (Hvis Grundtvig har været til stede, kan det have ham, der gav taleren sin lydelige tilslutning. Udtalelsen er som talt ud af hans hjerte). Dernæst, fortsætter David, kan man henvise til, at allerede det nye arbejdsregulativ fra januar 1849 (Hornby s. 265-267) er "et Slags Erstatning for Planterne". De har derfor ikke krav på yderligere erstatning. Sammenfattende kan fastslås, at Davids indlæg på fornem måde viderefører og afslutter slavekomiteens arbejde. Det tjener David til ære, at han ikke lod sig påvirke af de personlige uoverensstemmelser, der i februar 1847 førte til, at han meldte sig ud af komiteen. For David har sagen været det altoverordnede.

Som nævnt var David ikke længere medlem af tinget ved sagens afslutning i 1853. Som følge af den modvilje, som han og andre havde udtalt mod at yde erstatning til de tidligere slaveejere, talte man nu ikke længere om erstatning, men om "Vederlag". Man undgik også at tale om slaveejere. Lovforslagets betegnelse var "Lov om Vederlag til de forrige Besiddere af Ufrie paa de dansk-vestindiske Besiddelser". Første behandling fandt sted i januar 1853, anden behandling den 13/7 og tredje behandling den følgende dag, den 14/7-1853. I drøftelsens sidste fase indtræder et nyvalgt rigsdagsmedlem, Grundtvigs gamle medstrider fra kirkekampens dage, Jacob Christian Lindberg,[58] i debatten, hvor han sin vane tro ikke lægger fingrene imellem. Han afviser erstatningskravet med en henvisning til, at de tidligere slaveejere

ikke have Andet at rose sig af, end at de have drevet en skammelig Menneskehandel, have handlet med disse Mennesker og behandlet dem værre, end vi pleie at behandle Dyr. (ib. 1853, sp. 1254)

186

Også denne udtalelse ville have vundet Grundtvigs bifald, dersom han havde været til stede. Det var han dog ikke. I godt et år, fra 19/4-1853 til 2/6-1854, var Grundtvig ikke medlem af Folketinget (Bibl. nr. 1037 og 1085). Ikke desto mindre havde Grundtvig, som nævnt, flere anledninger til enten i breve eller i artikler at lade et ord falde om slavesagens endelige afslutning. Dels havde han, som han selv udtalte i december 1848, bidraget om ikke meget så dog lidt til slaveriets ophævelse i de danske besiddelser. Dels har han sandsynligvis overværet og i hvert fald læst Davids indlæg under sagens foreløbige behandling i begyndelsen af 1852. Endelig må man formode, at han i *Rigsdagstidende* har læst Lindbergs indlæg, hvis grundlæggende synspunkter han delte.

Når Grundtvig trods sådanne tilskyndelser ikke udtalte sig kan det skyldes, at han i sommeren 1853 var plaget af depression. Det fremgår af hans brevveksling. I et brev dateret 12/9-1853 til dronning Caroline Amalie omtaler Grundtvig, hvorledes sommeren for hans vedkommende har været præget af sygdom, som endnu ikke er "ret overstaaet". Og han fortsætter:

Denne Sygdom var vel, som den i 1844, langt mere indvendig end udvendig, men just derfor udblæste den hardtad hele min Livslyst og syndes at skulle fortære mine sidste Livskræfter, og under saadanne sørgelige Omstændigheder sniger jeg mig helst stum og stille fra alt i denne Verden ... (Breve II, s. 530)

Den følgende dag skriver han i et brev til vennen Ingemann:

Lige saa giftig en Taage, som har udvortes ruget over Hovedstaden i denne Sommer, har indvortes ruget over min Sjæl og mit Hjærte, saa jeg egentlig har været mig selv og alle mine til Byrde, og jeg maa endnu, skjønt det, Gud ske Lov! er taaleligere, kalde det et stort Vidunder, om jeg med fornyet Livslyst og Livskraft oprejses til mandige Skridt ved Løbets Ende.[59]

De sidst citerede ord, "ved Løbets Ende", åbner en mulighed for at forstå, hvad der har forårsaget depressionen. "Løbets Ende" er naturligvis "Livsløbets Ende", livets afslutning. Den 8. september 1853 fyldte Grundtvig 70 år. Det var en fødselsdag, der markant adskilte sig fra alle forudgående, fordi 70 år ifølge Psalme 90 i Gamle Testamente er menneskets almindelige af skaberen tilmålte, levealder. I et digt skrevet kort efter den 8/9-1853 udtrykkes dette livsvilkår i digtets første linie: "Syv Gange ti er Støvets Aar". Og i anden strofe hedder det "Jeg fylde nys Aarstallet sært, Saa tømmes Livets Kræfter" (PS VIII, 56).

Allerede fra og med indgangen af året 1853 har Grundtvig været bevidst om, at denne "sære" mærkedag stod for døren. Ikke alene kan man formode, at familie og venner har rejst spørgsmålet om, hvor og hvorledes dagen kunne markeres. Dertil kommer, at Grundtvig netop i årets første måneder har siddet sammen med svigersønnen P.O. Boisen og udvalgt de bibelhistoriske sange, der skulle medtages i Boisens samling af *Bibelske og Kirkehistoriske Psalmer og Sange for Skolen*, der udkom ca. 19. marts 1853. Blandt de sange, hvoraf et uddrag optryktes i Boisens samling, var Grundtvigs store digt om Moses i ørkenen, *Der gik en Hyrde og vogted Faar* (33 strofer).

Blandt de strofer, der ikke kom med i Boisens udvalg, men som Grundtvig og Boisen utvivlsomt har øjet igennem, var den senere så velkendte salmestrofe:

Halvfjerdsindstyve er Støvets Aar,

De Stolteste Strid og Møje,

Om firsindstyve en Kæmpe naaer,

Desmere han har at døie. (GSV II, 79)

Den umiddelbart følgende strofe, der hverken kom med i Boisens udvalg eller i senere salmebøger, lyder:

Om Hjertet blev det ham nu saa trangt,
Paa Kinden ham Taaren trilled,
Engang var Livet ham rigt og langt,
Mens Lykken hun for ham spilled. (ib.)

Disse linier fra 1839 forudtegner den depression, der ramte Grundt-
vig i sommermånederne 1853. Og fordi Grundtvig på det tidspunkt
af dybt personlige grunde blev så trang om hjertet, har han ikke mag-
tet at interessere sig for slavesagens endelige afslutning.

Grundtvig i St. Thomæ Tidende

Afsluttende skal rejses spørgsmålet om, hvorvidt Grundtvigs enga-
gement i slavesagen blev bemærket på de vestindiske øer. Det viser
sig at være tilfældet. Sidst på vinteren 1849, i begyndelsen af marts,
modtog Grundtvig et brev fra en for ham ukendt person ved navn
Joseph Jalney bosiddende på St. Thomas, Vestindien. Det er ikke
lykkedes at identificere brevskriveren. Han figurerer ikke i Kay Lar-
sens omfattende kartotek over dansk-vestindiske personer (Kgl.
Bibliotek).

Brevet, der findes i Grundtvig-arkivet (Fasc. 448.14.a), er dateret
30/1-1849 og poststemplet på St. Thomas den 1/2 og i Altona den
3/3-1849. Teksten er ret vidtløftig. På de første halvanden side be-
skrives slavernes nedværdigende kår, hvorefter argumenterne til
støtte for slaveriet tilbagevises. Derpå fortsættes:

Now as I am finishing thy letter, it strikes me that you will enquire "what is it
about?" I will answer. It is by seeing the name of Rev. Gruntvig (sic!) in the
Thomas Tidende of the 27th Inst. (dvs. d. 27.de i indeværende måned). It is
impossible to describe the feeling with which I was possessed, when I read acci-
dentally the open and decided avowal of your antislavery labor. It struck me

St.Thomæ Tidende.

Vol. 3.]   **LOVERDAGEN, den 27de JANUARY 1849.**   **[No. 215.**

MONTHLY ALMANAC.

JANUARY 31 DAYS.

◑ First quarter	2d.	3h.	18m. morn.
○ Full moon	8	6	30 even.
◔ Last quarter	16	2	34 morn.
● New moon	24	5	43 morn.
◑ First quarter	31	0	23 aftern.

1 m   New Years' Day.—CIRCUMCISION.
2 tu
3 w   1st transatlantic stmr. to the W.I. 1842.
4 th
5 fr
6 sa   EPIPHANY.
7 S   first sunday after Epiphany.
8 m   Lucian.—Galileo died 1642.
9 tu
10 w   The R. Exchange in Lon. burnt 1832.
11 th
12 fr   2nd December European mail due.
13 sa
14 S   2nd sunday after Epiphany.
15 m   Anthony.
16 tu
17 w
18 th   Prisca.
19 fr
20 sa   King Christian VIII. died 1848.
21 S   Third sunday after Epiphany.
22 m   Lord Byron b. 1785.—Pitt died 1806.
23 tu   1st January European mail due.
24 w   Frederick the Great born 1712.
25 th   Conversion of St Paul.
26 fr   Jenner died 1823.

lige Kasse skulle underskrives af General Gouverneuren og Colonial Secretairen, samt parapheres af den Kongelige Bogeolder.

6, Underskriviten paa Bureau Beviser bliver at vedgaae for General Gouverneuren og Colonial Secretairen.

7, Laane Commissionen skal for Fremtiden bestaae af efternævnte officielle Medlemmer: General Gouverneuren, Colonial Secretairen, den Kongelige Bogholder og den Kongelige Kasserer.

General Gouvernmentet, St. Croix, Christiansted, den 3die Januar 1849.

P. HANSEN.

TRANSLATION.

Provisional Act
FOR THE DISPATCH OF PUBLIC BUSINESS.

known by the name of the Loan Commission.

Government-House, St. Croix the 3rd January 1849.

P. HANSEN.

Ansættelser:
Regjerings Secretair F. E. Elberling constitueret som Colonial Secretair. Fuldmægtig C. E. Rahr og Fuldmægtig C. Reimer conetituerede som Under-Secretairer.

St. Croix den 3die Januar 1849.

Efter Ordre,
CARL REIMER,
const.

Appointments:
F. E. Elberling Esqr. to act as Colonial Secretary.
C. E. Rahr Esqr. and C. Reimer Esqr. to act as Assistant-Secretaries.

To udsnit af den vestindiske avis, St.Thomæ Tidende, *den 27/1-1849. Det ene udsnit viser avisens hoved, det andet citerer et af Grundtvigs indlæg i den grundlovgivende rigsforsamling den 14/12-1848. Hans bemærkning er en kritisk kommentar til et oplæg om forholdene i dansk Vestindien. Kgl. Bibliotek.*

that your name was one of those destined to adorn the pages, which feeling men love to read – a sensation of the proudest satisfaction ran through me, when I seen (sic!) that there was in the Mother country open advocates of this sacred cause.

Reverend Sir, though I would refrain <s. 3> from saying anything on the smooth and sure course which His Majesty's Government-Policies pursue – yet on the part of Mr. H.P. Hansens "Interpellation" It must be acknowledged that the hope entertained is that the government will take in view the measures icularly in consequence of the troops for their protection, and in the budfor 1849 we have not calculated on usual revenues from duties and taxes, provided for an additional outlay. s assembly may perhaps also be re, that the local authorities, expectthe approval of H. M. Government, which was not received,have reduced export dues on Colonial produce per cent, until the end of this year, this reduction the King's Commissaas authority to continue, if he thinks :cessary. It is self evident that our ɔnies will in a peculiar manner comd the attention of H. M. Government. are fully aware of the importance of matter, not only for the treasury, but he Inhabitants of those Islands, that : belonged to the Danish Crown for mber of years, I believe it will be oved, that the Government under ailing circumstances, and at a time n the concerns of the Colonies are in :ourse of investigation, abstain from essing an opinion, if any and what pensation might be granted in conence of the emancipation, what it

few observations I sit down, and have, at this moment, all reason to be satisfied with the result of the discussion.

After a question from one of the members about the Ministerial signature on the Royal Letter had been answered, the Reverend GRUNDTVIG arose and said :—

As one of those who have laboured here for the freedom of the negroes in our Colonies, I cannot but refute an assertion repeatedly made to day, that it is possible for one man to possess his fellow with full right of property; against this I protest in my name, and in the name, as I should think, of the whole human race.—Here the discussion ended.

Proclama.

AT den suspenderede Mægler F. SCHUSTER'S Bo er taget under Behandling af Christiansteds Skifteret, bekjendtgjöres herved.

Christiansteds Skifteretscontoir, den 16de Januar 1849.

L. ROTHE.

necessary for indemnifying the proprietors, whose fate it has been to experience that sudden reduction of property. Otherwise it would be like so much treasure lost to the revenues and government of His Majesty's Dominions.

(Efter at have bedt om undskyldning for, at han skønt ukendt har henvendt sig, slutter Jalney sit brev som følger)

I hope, Reverend Sir, though distant you will accept this, as it is a tribute I humbly acknowledge I owe to every sympathizer (of) that cause, which has forced me thus to make myself known.

May God, the giver of strength and knowledge to the just grant thee happiness (in) this life and prepare for thee forevermore a reception in Bliss.

I remain most revered Sir your m(os)t obedient and humble servant

Joseph Jalney

S. Thomas

Som det fremgår af brevet, er dets anledning, at den lokale avis har citeret Grundtvigs indlæg i den grundlovgivende rigsforsamling d. 14/12-1848 (se illustrationen. 190-191). I *St.Thomæ Tidende* den 27/1-1849 refereres den pågældende debat. Referatet afsluttes med at meddele, at pastor Grundtvig rejste sig og sagde:

As one of those who have laboured
here for the freedom of the negroes in
our Colonies, I cannot but refute an
assertion repeatedly made to day, that
it is possible for one man to possess his
fellow with full right of property; against
this I protest in my name, and in the
name, as I should think, of the whole hu-
man race. – Here the discussion ended.

Sammenholder man denne tekst med den oprindelige version i *Rigsdagstidende,* er det klart, at der er tale om en forkortet gengivelse sandsynligvis klippet fra et af de københavnske dagblade. Den vigtigste forskel er udeladelsen af Grundtvigs karakteristik af sin og sine medarbejderes indsats med ordene *"det Lidet de kunde".* I kraft af denne udeladelse har Grundtvigs udtalelse fået en uheldig drejning. Det ukvalificerede udtryk "have laboured" giver indtryk af en ret omfattende indsats og medfører dermed en utilsigtet overdrivelse. I versionen af 14/12-1849 ligger hovedvægten ikke på indsatsen som sådan, men på protestens begrundelse: At den er fremført "i alle Menneskevenners Navn".

I slutningen af Jalneys brev omtales den lige knap nok påbegyndte afvikling af erstatningssagen. Brevskriveren afstår fra kritiske bemærkninger om den danske regerings kurs i denne sag – men afstår på den raffinerede måde, at en bekymring alligevel kommer til orde. Han nævner, at man nærer det håb, "that the hope is entertained", at regeringen vil tage de nødvendige skridt til at kompensere slaveejerne for den pludselige reduktion af deres ejendom. Der henvises til, at en kompensation er nødvendig, "necessary". Ellers vil staten med hensyn til skatter og afgifter miste indtægter. Ganske ejendommeligt er det, at brevskriveren i denne argumentation indfletter ordene "proprietors" og "property", ejere og ejendom. Dermed har han de facto accepteret den tankegang, som Grundtvig i sit indlæg udtrykkeligt protesterede imod: "At man virkelig kan have fuld Eiendomsret over sine Medmennesker". Dermed fordunkles brevets utvivlsomt velmente hensigt.

KONKLUSIONER

Den forudgående redegørelse er en studie over N.F.S. Grundtvigs aktive deltagelse i sin tids begivenheder, herunder især slavernes frigivelse på de dansk vestindiske øer. Grundtvigs medleven i dette begivenhedsforløb er indarbejdet i de forskellige faser af hans personlige livshistorie op gennem perioden 1839-1848. På grund af denne afgrænsning af perspektivet er fra den omfattende forskning over slaveriet og dets afskaffelse kun uddraget det mest nødvendige med henblik på at opridse konturerne af den internationale og danske sammenhæng, der udgør baggrunden for slavekomiteens nedsættelse og virke.

Fremstillingens materiale er først og fremmest hentet fra tre arkiver: Grundtvigs arkiv på Det Kongelige Bibliotek, J.F. Schouws arkiv på Rigsarkivet og BFASS' arkiv i Rhodes House Library, Oxford. Dette materiale er derpå koordineret med de meddelelser om sagens gang, der fremgår af trykte kilder, først og fremmest *Stændertidende,* samt meddelelser i den danske presse og i *Anti-Slavery Reporter.* Breve og memoirelitteratur er benyttet til belysning af den betydning, som Grundtvigs personlige miljø har haft for, at han blev inddraget i processen. På denne baggrund skal nogle afsluttende konklusioner uddrages:

1) Grundtvigs forhold til samtidens ideer om slaveri er i tiden før 1839 præget af både *accept og modsigelse.* Han tilegner sig tidens

195

tankesæt på to punkter: Ganske ligesom de fleste af sine samtidige er Grundtvig overbevist om, at slaverne i Dansk Vestindien behandledes mildere end slaverne i andre landes kolonier. Endvidere nærede han ligesom det store flertal af den danske befolkning en ubetinget tillid til, at den oplyste og humane konge, Frederik VI, i tidens fylde ville løse eventuelle resterende problemer på bedste måde. På andre punkter modsiger Grundtvig gængse opfattelser i tiden. Tidligt fremfører han en flammende protest imod den grusomme gerrighed, der lå til grund for slaveriets opretholdelse. Senere, i sine Mands Minde-forelæsninger fra 1838, forholder han sig kritisk over for de kredse, der i 1830'erne arbejdede for negerslaveriets ophævelse. I den sammenhæng gør han gældende, at man snarere burde interessere sig for grækernes slaveri under tyrkisk herredømnme.

2) Grundtvigs engagement i slavesagen er endnu et eksempel på det for ham karakteristiske, at *personlige relationer* spiller en afgørende rolle. I 1839 er det opfordringer fra C.N. David, G.W. Alexander og måske via J.-A.Raffard tillige fra arveprinsesse Caroline Amalie, der får Grundtvig til at lægge sine forbehold på hylden og gå aktivt ind i arbejdet for slaveriets ophævelse på de dansk vestindiske øer. I 1843 er det hans mangeårige ven, J.F. Schouw, der får Grundtvig til at fortsætte som medlem af slavekomiteen. Op gennem 1840'erne styrkes samarbejdet med Schouw gennem det nye og positive forhold, Grundtvig i disse år etablerer til sin tidligere modstander H.N. Clausen.

3) *Årene 1839-1848*, som Grundtvig-forskningen stort set er gået let hen over, fremstår som en interessant periode i hans liv. 1830'erne har altid imponeret i kraft af den række af hovedværker, der blev til i årene 1832-38: *Nordens Mythologi* (1832), *Haandbog i Verdens-Historien* bd. I-II (1833-36), skoleskrifterne fra 1836-39, Sang-Værket fra 1837 og Mands Minde-foredra-

gene fra 1838. I nyere tid har Grundtvigs offentlige politiske ind-
sats som rigsdagsmand fra 1848 og fremefter tiltrukket sig øget
interesse. Men bortset fra Flemming Lundgreen-Nielsens om-
fattende studium af Grundtvigs forhold til foreningen "Danske
Samfund" har mellemperioden 1839-1848 været et forholdsvis
uopdyrket område.

4) De år, hvor Grundtvig var medlem af slavekomiteen, blev en *for-
beredelsestid* til hans senere indsats på Rigsdagen fra 1848 til
1866. I slavesagen har han i samarbejdet med to af periodens
højst agtede, aktive politikere, J.F. Schouw og H.N. Clausen, få-
et den første indføring i den praktiske politiks vilkår og mulig-
heder. Nok så afgørende er, at dette samarbejde uundgåeligt har
haft indflydelse på, at Grundtvig – den landsfaderlige, oplyste
enevældes svorne tilhænger – i foråret 1848 skiftede standpunkt
og erkendte, at folkestyret var fremtiden. Ligesom de rådgiven-
de stænderforsamlinger ifølge Hans Jensen blev en vigtig, men
ofte undervurderet forberedelse til demokratiets indførelse, har
slavekomiteen og samarbejdet med J.F. Schouw og H.N. Clau-
sen haft en tilsvarende betydning for Grundtvig.

5) Vor viden om Grundtvigs forhold til *de engelske frikirker* har
fået et lidt bredere grundlag. Den anglikanske kirke har Grundt-
vig udtalt sig om i flere sammenhænge. Hans både positive og
negative forhold til denne kirke er da også velkendt og fyldigt
belyst af forskningen, sidst af Helge Grell og A.M. Allchin. Om
frikirkerne har der ikke været så mange udtalelser at fæstne sig
ved. Dog er det klart, at også her har hans bedømmelser været
varierende. I 1830 deltager Grundtvig i en unitarisk gudstjeneste
og bemærker i sine Englandsbreve, at han har fundet prædike-
nen "maadelig". Til gengæld hører han i sommeren 1843 "en
overordentlig god Prædiken" i en metodistisk kirke.[60] Og han
har vitterligt haft væsentligt udbytte af at diskutere almenkultu-

relle og politiske spørgsmål med frikirkefolk, blandt disse også unitarer. Under sine Englandsophold synes Grundtvig ikke at have fået eller søgt kontakt med kvækerne, et trossamfund han af teologiske grunde betragtede med stor mistro. I årene efter 1839 stiftede han i Danmark nærmere bekendtskab med repræsentanter for dette trossamfund. Det personlige møde med G.W. Alexander og kontakten med British and Foreign Anti-Slavery Society banede lige så stille vej for den omvurdering, der kom klart til udtryk efter mødet med Elizabeth Fry i 1841.

6) Grundtvigs engagement i slavesagen rejser endelig også spørgsmålet om hans *motivering*. Man kan efterspørge motiveringens styrke, og man kan søge at bestemme, hvilken slags motivering, der her er tale om. Allerførst skal bemærkes, at der ikke umiddelbart røber sig nogen stærk motivering. Sit engagement i slavesagen omtaler han, så vidt vides, ikke i offentlige taler og skrifter fra perioden; han besvarede heller ikke de breve, som fra BFASS' sekretariat blev sendt til ham personligt. Dette sidste kan imidlertid skyldes, at selv om Grundtvig efterhånden talte ganske godt engelsk, så krævede det alligevel tid og overvindelse for ham at udtrykke sig skriftligt på dette sprog.[61] Desuden var portoen forholdsvis dyr.

Andre iagttagelser tyder imidlertid på, at Grundtvigs motivering ikke har været så ringe endda. Allerede i arbejdets allerførste fase, i efteråret 1839, er det ham, der formulerer et udkast til en henvendelse til offentligheden. Da Schouw i efteråret 1843 tog initiativ til at stifte den nye og udvidede slavekomite, erklærer Grundtvig sig straks og "med Glæde" parat til at være med. Op gennem alle de år, komiteen eksisterer, deltager han trofast i arbejdet. Hans påtegninger på de rundsendte udkast og skrivelser er undertiden de mest udførlige.

Spørger man dernæst til motiveringens art, er det mest oplagte svar, at personlige motiver sandsynligvis har været helt afgørende. Både i 1839 og i 1843 er det Grundtvigs personlige bekendte, der henvender sig til ham og opfordrer ham til at gå med i dette arbejde (jf. ovenfor pkt. 2). Det gør han så, straks og beredvilligt. Den stærkeste personlige tilskyndelse er sandsynligvis udgået fra J.F. Schouw. Til vedligeholdelsen af denne inspiration har sommersamværet i det fascinerende miljø på Nysø bidraget, et samvær der om vinteren fortsattes i København. I sin tale ved Schouws båre fremhævede Grundtvig den "Grund-Enighed" og det venskab, der havde præget deres gensidige forhold gennem en hel menneskealder (KL s. 95-96).

Endelig *kan* Grundtvig have haft en principiel motivering, selv om han ikke udtrykkeligt nævner en sådan. Brevet fra maj 1829 til Schouw slutter med en opfordring til, at alle ærlige mænd trods eventuelle modsætninger i livsanskuelse tilstræber at mødes i "levende Vexelvirkning" til gavn for fædrelandet. Hermed foregribes de ofte citerede ord fra Indledningen til *Nordens Mythologi* (1832) om det ønskelige i, at alle mennesker "med Glimt af Aand og Gnist af Sandheds-Kiærlighed"[62] går sammen om at løse de nødvendige samfundsopgaver. Man kan sige, at netop sammensætningen af den udvidede slavekomite blev et eksempel på et sådant samarbejde mellem mænd med meget forskellige forudsætninger. Her mødtes Grundtvig med en naturvidenskabsmand (Schouw), en nationaløkonom (David), en orientalist og senere biskop (Monrad), samt en fransk reformert præst (Raffard). Uden for komiteen var de nærmeste medarbejdere i slavesagen Grundtvigs gamle fjende, den teologiske professor H.N. Clausen og den engelske kvæker G.W. Alexander. I sandhed en broget sammensat gruppe af mænd med glimt af ånd og gnist af sandhedskærlighed og med god vilje til at gøre en indsats for retfærdighed og menneskeværd.

Hvilken motivering, der end har været tale om, ved vi, at den har været tilstrækkelig. Vi ved også, at arbejdet for Grundtvig har været tilfredsstillende. Det fremgår af hans indlæg på Rigsdagen i december 1848. Med stilfærdig stolthed i stemmen udtaler han: "Ogsaa jeg hører til dem, som virkede det Lidet, de kunde, herhjemme til Negerslaveriets Ophævelse på de dansk-vestindiske Øer."

SUMMARY IN ENGLISH

The Danish clergyman, poet and historian *N.F.S. Grundtvig* (1783-1872) was a man of encyclopedic knowledge and widely diversified interests. Thus his international renown is mainly due to his pioneering work in such discrepant fields as adult education and anglo-saxon philology. In his later years he was additionally active in Danish politics. During nearly 18 years he was an elected member of the Danish parliament, which was established in 1849. The present study describes an earlier preparative political activity, when Grundtvig participated in the anti-slavery movement.

From 1672 and for almost 250 years, three small islands in the Caribbean were colonies of Denmark. In 1917 they were sold to the United States and are now called the US Virgin Islands. In the former Danish West-Indian colonies the *trading* of slaves was forbidden by law as early as 1792. Slavery *as such*, however, continued until its abolition in 1848. In the political process leading up to this decisive event several different factors were combined. Among these was the contribution of a small anti-slavery committee during the preceeding years, 1839-1848. This committee played a limited, but not insignificant rôle. Grundtvig was a member of the committee during all the years of its existence.

British and American commentators have now and then expressed their surprise at the relatively long interval between the abolition of the slave trade in 1792 and the total abolition of slavery in 1848. Two explanations have been suggested. First, that Denmark lacked a vociferous abolitionist-movement comparable to the well organized, untiring and succesful pressure groups in Britain and the United States. Secondly, that this may have to do with the Danish state-church system. In Denmark religious freedom was not introduced before the adoption of a democratic constitution in 1849. Until then independent churches and any political movements rooted in these were restricted within very narrow confines.[63] No doubt there is some truth in such observations. Nevertheless, three other factors seem to be of greater importance. The first is the elementary geographical factor of the enormous distance between Denmark and the West-Indian colonies. It was difficult to arouse and maintain a public interest in prevailing conditions in these far-off islands.

The second factor is the Danish system of government at that time. In the years before 1849, when a democratic constitution was adopted, there was in this country no *parliamentary* debate whatsoever. All necessary discussion related to the government of the realm took place between the absolute monarch and his ministers and officials, who prepared the documents to be signed. The third factor, the rôle of the press, must be understood in that context of aboslute monarchy. Fearing the influence of revolutionary or liberal ideas, rigorous punishment was by law imposed on all, who publicly criticized the government and the establishment as such.

In view of these factors, it should seem practically impossible that a *public* debate could take place. Surprisingly this was nevertheless the case – also regarding the abolition of slavery. This issue was discussed both in the press and in a new governmental institution. Up through the 1830s the press periodically brought series of articles on the question of abolition. Of course these articles had to be carefully edited in order not to antagonize the authorities. Just as important and perhaps even more so were the new provincial advisory councils (Danish: Stænderforsamlinger) inaugurated by royal decree in 1831 and functioning from 1835 until 1848. Four such assemblies were established, two in the duchies of Schleswig and Holstein, and two in the kingdom proper converging in the cities Roskilde and Viborg. These assemblies, which were organized after German model, aimed at appeasing and thus containing the accelerating liberal movement. During their app. 13 years of activity the advisory councils attained an unexpected positive influence both on legislature and on the development of political consciousness.

On this background a Danish anti-slavery committee of three members was founded in September 1839 at the suggestion of an emissary of the British and Foreign Anti-Slavery Society, *George William Alexander,* who visited Copenhagen in order to promote the cause of abolition. A few years later, in 1843, after a second visit by Alexander, the committee was expanded to include five persons in all. Members of the first committee were, apart from Grundtvig, the professor of economics *C.N. David* and *Jean-Antoine Raffard,* who was a minister at the French Reformed church of Copenhagen. The two new members joining in 1843 were the professor of botany *J.F. Schouw* and the orientalist, later bishop and prime minister *D.G. Monrad.*

The first of the six chapters outlines the international background and the particulars of the Danish situation. The general attitudes towards slavery is illustrated through quotations from contemporary poets and dramatists, who were favoured by the Danish public and appreciated by Grundtvig. The second chapter, which also serves to illuminate the background, identifies the main characteristics of Grundtvig's early opinions on slavery. He shared two generally accepted convictions: (a) That the slaves on the Danish islands were treated in a milder way than in the colonies of other European powers; (b) that the benign and progressive nature of

Danish abosolute monarchy would in its own good time solve all remaining problems of slavery. Alongside with these points of view, we find in Grundtvig's early writings a fervent criticism of the horrendous avarice that up through the centuries had maintained the institution of slavery. Finally, the decision of the British parliament in 1833 to abolish slavery aroused, as could be expected, a debate on abolition also in Denmark. In that situation Grundtvig refused to be pressurized and reacted negatively.

The third chapter describes how Grundtvig in 1839 – to the surprise of himself and others – changes his point of view fundamentally and becomes actively involved in the cause of abolition. The decisive factors are an appeal from C.N. David and the previously mentioned personal encounter with G.W. Alexander. The small anti-slavery committee takes some preliminary steps towards arousing public opinion, and the BFASS head office in London initiates a correspondence with the Danish committee. A major event during the first following years was the visit to Denmark by the famous philanthropist *Elizabeth Fry* in August 1841. Grundtvig functioned as her interpreter and guide under visits to two of the prisons in Copenhagen. Although Grundtvig nourished a fundamental suspicion towards Quaker-theology, he nevertheless was much impressed by the personality of Elizabeth Fry. Furthermore, this encounter incited Grundtvig to renewed deliberations on human rights and human dignity – two fundamental concepts in the anti-slavery debate.

The fourth chapter describes G.W. Alexander's second visit to Copenhagen in August 1843. During this visit he had the opportunity of discussing the slavery-issue with professor J.F. Schouw, who a few weeks later organized the expanded anti-slavery committee. Schouw, who shared a liberal political persuasion with David and Monrad, had during the thirties emerged as a prominent political leader. After 1835 he was repeatedly elected as president of the two provincial advisory councils in Roskilde, Zealand, and in Viborg, Jutland respectively. In 1840 he was deposed by the government, as his views collided with the ideas of absolute monarchy. Schouw, who therefore had time at his disposal, proposed a plan for engaging the support of the advisory councils for a petition demanding the total and immediate abolition of slavery in the Danish West-Indian colonies. The fact that contact with the BFASS was maintained throughout these years, makes it possible step by step to follow the campaign by combining Danish and British sources. The primary Danish materials are found in the archives of Grundtvig and J.F. Schouw. The British sources are first of all contained in the archive of the BFASS located in Rhodes House Library, Oxford. In the autumn of 1844 the political campaign of the anti-slavery committee was launched. The petition was, however, turned down. The evaluation committee of the council in Roskilde found that the documentation for the necessity of abolition was insufficient.

The stages of the second and much more succesful attempt is described in the fifth chapter. In April 1845 the anti-slavery committee had reported the unfortunate turn of events to the BFASS and had at the same time promised to renew the petition at the next following session of the advisory councils in 1846. The initiative was meticulously prepared. Each step was discussed in letters and drafts, circulated and finalized by Schouw. Grundtvig's comments to these papers are quite thorough. Schouw and David also managed to have a series of articles translated from English and French and published in Danish journals and weeklies. The articles describe both the evils of slavery and the succesful liberation of the slaves in the British West-Indies. Finally Schouw enlisted the support of the theological professor *H.N. Clausen,* who was his personal friend and an influential liberal politician. Clausen had replaced Schouw as president of the advisory council in Roskilde. To enlist Clausen as supporter of the abolition cause proved to be a wise decision. As introduction to the final debate Clausen delivered an excellent, convincing speech presenting the subject as primarily an ethical issue on which all members had not only competence but also the duty to take a stand in support of justice and humanity. Subsequently, the main part of the petition was adopted with a considerable majority of votes. In view of these events the contention of A.R. Highfield: That the Danish debate represents "a moral vacuum" (Tyson & Highfield p. 27) is dubious. A second part of the petition suggesting some guidelines for compensating the planters for their loss was rejected.

On the whole, the initiative of the anti-slavery committee had been succesful. The petition was presented to the king in the autumn of 1846. In July 1847 the king issued a proclamation according to which slavery was to be abolished in the Danish West-Indian colonies after a transition-period of twelve years. At this point the anti-slavery committee could have been dissolved. Nevertheless it continued, but now again reduced to three members: Schouw, Grundtvig and Raffard.

In the sixth chapter the final stages of the abolition-process is described. After the death of king Christian VIII in January 1848 followed a period of decisive events. The new king, Frederik VII, accepted the disestablishment of absolute monarchy in favour of a democratic, parliamentary constitution. In the wake of these events followed a war with insurgents in Schleswig-Holstein. Under such circumstances not much attention was given to news from the West-Indian colonies. On July 3rd 1848, under the pressure of local circumstances, the governor of the islands, *Peter v. Scholten*, had announced the total and immediate emancipation of all slaves. His act was officially approved by the king in a proclamation of September 22nd 1848.

In the political campaign for the abolition of slavery Grundtvig had had the opportunity to work together with two of the most prominent politicians of the pre-constitutional period: J.F. Schouw and H.N. Clausen. Incidentally the latter was his former theological adversary. On the background of the positive experience of this collaboration, which also branched into a number of other public activities, Grundtvig in 1848 decided to stand for election to the constitutional assembly. When in December 1848 among other issues the question of compensation to the West-Indian planters was raised in that assembly, Grundtvig made the comment: That also he belonged to those, who had done what was possible for the abolition of slavery. On that background, he felt obliged to repeat the protest against the assumption that anybody could have a right to own an other human being. His statement is concluded with the assertion that the protest is put forward not only in his own name, but on behalf of all humanity.

In a short final section some conclusions are suggested:

1) Up until 1839 Grundtvig's position towards slavery is characterized by both acceptance and rejection. He accepts some of the current notions on slavery and its abolition, but he launches a vigorous protest against the very essence of slavery: That one person can own an other human being.

2) Grundtvig's involvement in the cause of abolition was decisively influenced by personal relationships and encounters. In 1839 it is his former pupil, professor C.N. David, and the quaker G.W. Alexander, who encourage him to become a member of an anti-slavery committee. In 1843 it is his old friend, professor J.F. Schouw, who persuades him to continue as a member of the committee until the succesful completion of its task in 1847/48.

3) The years 1839-1848 emerge as an interesting period of Grundtvig's life. The years as a member of the Danish anti-slavery com-

mittee became a useful preparation for his later involvement in Danish politics as an elected member of parliament.

4) Grundtvig's personal encounter with two prominent quakers, Elizabeth Fry and G.W. Alexander, provided a broader basis for the way in which he evaluated this community.

5) Grundtvig had demonstrated a perplexing reluctance in answering the letters received from the BFASS. Nevertheless his eagerness to participate in the internal discussions of the committee, of which he was a member, never faltered. This is probably due to the fact that working together with the highly qualified, honest and well-meaning members of the committee was a deeply satisfying experience – bridging all personal and ideological differences.

NOTER

1. Den retssag, der er tale om, var den sidste i en række af sager gennemført i 1767-72 af forfatteren og filantropen Granville Sharp (1735-1813). Sagens konkrete anledning var Sharps ønske om at forsvare en amerikansk slave, der under ophold i England først var blevet smidt på gaden af sin herre, derefter blevet restitueret af Sharp og til sidst forlangt tilbageleveret til ejeren. I 1772 blev det ved dom fastslået, at så snart en slave sætter foden på engelsk jord, er han fri. Se herom især Mannix & Cowley (London 2002) pp. 176-186.

2. J.C. Tode: Samlede Danske poetiske Skrifter II. Viser og Selskabssange (1797) s. 68 og 151.

3. R. Nyerup (udg.): Prams Breve fra Vestindien og Nordamerica i Aarene 1820-21 (Overskrift ved udgiveren). *Magazin for Rejseiagttagelser* IV (1825) s. 285 og 277.

4. Bernhard Jensen: Den ædle danske Idyl (1960) s. 67-68.

5. MM s. 47-54 + udkast til denne forelæsning ib. s. 542-546.

6. I datidens Danmark var "Slave" også betegnelse for en livstidsfange i et fængsel. Udtrykket "den blanke Mand" anvendt i de forudgående strofer betyder den hvide mand. Den berømte jurist Anders Sandøe Ørsted har præcist sammenfattet datidens overvurdering af 1792-forordningen. Først henvises til P.A. Heibergs fødselsdagsvise til kongen, hvor det bl.a. hedder: "Tankens, Bondens, Negrens Lænke han med ædel Kjækhed brød". Og Ørsted fortsætter derpå: "Om just ikke af disse poetiske Linier, saa maa der dog af meget andet, som da blev ytret i Pressen sluttes, at man endog i hiin Anordning saa mere end der virkelig laae deri, nemlig Ophævelse af Negerslaveriet, istedetfor at den kun bød, at Negerslavernes Indførsel til vore vestindiske Colonier skulde ophøre ..." (Af mit Livs og min Tids Historie, udg. 1951, s. 235).

7. Oehlenschlägers Poetiske Skrifter udg. af F. Liebenberg bd. XX (1860) s. 133.

8. Jf. Kaj Baagø: Grundtvig og den engelske Liberalisme, Gr.Stud. 1955. Se hertil bemærkningerne i SfL s. 293-294.

9. *Den Danske Tilskuer*, udg. af K.L. Rahbek bd. II (1802) s. 774 og 814.

10. PS V, 528. – "forleden", dvs. for ikke længe siden. "Stabelen ... Bøjlen". Dermed betegnes en bevægelig lukkeindretning (bøjle) inde i en (hænge) lås, et udtryk hentet fra sjællandsk dialekt (ODS XXI, sp. 836). "Skoven ... Heden", samlende udtryk for det danske rige. "Tyngsel", dvs. alt det, der tynger, fysisk og åndeligt (ODS XXIV sp. 1310). Vedrørende Grundtvigs store digt *Gylden-Aaret,* dets forudsætninger, indhold og efterklange, se især Fl. Lundgreen-Nielsen: Grundtvig og guldalderens København, Gr.Stud. 1995.

11. Ejnar Thomsen: Grundtvig og virkeligheden, trykt i Digteren og Kaldet (1957) s. 121.

12. MM s. 362 og 396-399. I udgaven (fra 1877) er til disse forelæsninger ikke optrykt noget udkast. Sådanne ses heller ikke at være bevaret blandt manuskripterne (Fasc. 359.II p X).

13. Sognepræst J.F. Fenger besøgte Grækenland i 1831, jf. Rønning III,2 s. 54. Efter sin hjemkomst sendte han Grundtvig diverse materialer til studiet af ny-græsk, jf. Fasc. 412.5.A.III og Toldberg (1946) s. 49 samt Er. s. 179. Det er ikke tilfældigt, at Grundtvigs huslærer, cand.theol. C.H. Muus, i 1832 tog initiativ til at grundlægge en skole, hvor græsk, eventuelt suppleret med ny-græsk, blev det vigtigste fremmedsprog i stedet for latin. Se herom Henning Heilesen: Et forslag til en grundtvigsk lærd skole 1832, Gr.Stud. 1972.

14. Er. s. 127, Breve II og brevene i Grundtvig-arkivets Fasc. 466.VI.

15. BFASS arkiv, breve C 4/16. Et par dage senere, den 7/9-1839, skriver Alexander atter til Tredgold og orienterer ham om de materialer, han har medbragt (ib. C 4/17). Til aktstykkernes signatur kan føjes: MSS Brit. Emp. S 18, hvilket angiver hyldeplacering ("shelfmark").

16. Harald Jørgensen: C.N. David (1950) s. 105.

17. US II s. 271. Om fejden, se bl.a. M. Friediger: Jødernes Historie (1934) s.

346-348. Om Grundtvigs indlæg, se bl.a. Morten Bredsdorff i Gr.Stud. 1974 s. 40.

18. Vedrørende Grundtvigs deltagelse i festen, se bl.a. Bibl.nr. 597 og 598. De to breve dateret henholdsvis 29/5 og 20/8-1838 findes i Fasc. 429.15.a-b. I det seneste af disse breve omtaler David, at han hermed sender Grundtvig "Correcturen".

19. Breve II s. 339, Kalkar (1862), PR I (1891), se ndf.; Janssen (1922) s. 111, 146; BK (1951).

20. D.L. Clément: Notice sur l'église réformée française de Copenhague (Copenhague, Paris & Strasbourg 1870); Histoire de l'église reformée française de Copenhague. Optengelser ved pastor Clément Nicolet, Landsarkivet for Sjælland, Lolland-Falster og Bornholm, arkiv nr. EC- 722. Raffards trykte forfatterskab fremgår af T.H. Erslew: Almindeligt Forfatter-Lexicon II (1847) s. 597.

21. De her refererede og citerede breve findes i Fasc. 448.1.c.V-VI + VIII. At Raffard flyttede "til Byen" må hentyde til, at han som meddelt af Fr.Barfod havde sommerbolig på Frederiksdal ved Furesøen. Når David skriver *"ud til Dem"*, skyldes det, at Grundtvig i årene 1828-1840 boede på Christianshavn, jf. Steen Johansen i Gr.Stud. 1963 s. 47-49.

22. Fortegnelse over Nik. Fred. Sev. Grundtvigs Bogsamling, ved Johan Grundtvig, Christianshavn 1839 (Fasc. 520) s. 361 (overstreget) og 365. Under indholdsfortegnelsen er tilføjet "begyndt: Mandagen den 1ste Juli 1839/ endt: Løverdagen den 31te August 1839". At Buxtons bog er indgået ret hurtigt efter katalogets (første) afslutning, fremgår ikke alene deraf, at blæk og håndskrift er helt overensstemmende. Af nummerfølgen fremgår tillige, at Buxtons bog er blandt de første værker, der er indgået i samlingen efter 31/8-1839. Om Buxton og hans bog se bl.a. Torben Christensen: Kirkehistoriske Afhandlinger (1981) s. 154-156, samt Barclay (2001).

23. Flemming Lundgreen-Nielsen: Grundtvig og danskhed, trykt i Ole Feldbæk (red.): *Dansk Identitetshistorie*, bd. 3 (1992) s. 48.

24. Breve II, 337-338; GB s. 242-245.

25. Fasc. 448.11.b. Trykt i Breve II, 339, men med flere læsefejl. Brevet er ikke underskrevet.

26. Udtalelse i en prædiken fra 1855 nævnt hos BK (s. 133) og Steen Johansen (Bibl. II s. 187), hos BK med udførligt citat fra N.F.S. Grundtvigs Vartovs-Prædikener 1839-1860 (1924) s. 369; optrykt P.G. Lindhardt: Konfrontation (1974) s. 151.

27. *Stokhuset* var en straffeanstalt beliggende på hjørnet af Østervoldgade og Stokhusgade i København. Navnet kommer af de bjælker eller "Stokke" med huller, hvori fangerne var fastgjort ved anklerne. *Børnehuset* på Christianshavn var et fængsel for mænd og kvinder, samt opdragelsesanstalt for børn. Fra 1790 ændredes navnet til Københavns Tugt-, Rasp- og Forbedringshus.

28. Knud Banning: Degnekristne (1958) s. 233-236 & passim; Kaj Baagø i VV I (1960) kap. 7.

29. G-I s. 258-259; GB s. 275-290. Rønning (IV,1 s. 34) citerer dog uden kildeangivelse det pågældende brev fra dronningen, hvori Grundtvig tilbydes "en opmuntrings- og adspredelsesrejse til England".

30. BFASS arkiv, breve bd. C4/20.

31. B.B. Wiffen (1794-1867) omtales både i DNB og i DQB; se desuden *Biographical Catalogue being an account of the Lives of Friends* (London, Friends' Institute 1888) pp. 727-729. Også med hensyn til ydre fremtræden har Wiffen været en særpræget person. DNB oplyser, at han altid gik klædt i kvækerdragt. DQB beskriver ham med ordene: "He was small, of a pale countenance but had keen eyes. He possessed uncommon perseverance."

32. BFASS Breve, bd. C 12/27. Kladde skrevet "Onboard Schooner from Copenhagen to Ustadt" (dvs. Ystad), 5th Day Morning". Den renskrevne rapport (C 12/28) er afsendt fra Stockholm og poststemplet den 29/8-1843, formentlig umiddelbart efter ankomsten. Rapporten tryktes i ASR 20/9-1843, se note 33. I Uppsala besøgtes professor E.G. Geijer (C 12/26). Vedrørende slaverne på den svensk vestindiske ø Saint Barthélemy, samt vedrørende ophævelsen af slaveriet i 1847, se Ekman (1976).

33. BFASS arkiv, breve bd. C 12/29. På grundlag af de to udsendinges breve kan *Anti-Slavery Reporter* allerede samme efterår orientere om rejsen. Det oplyses, at man ikke blot har truffet legationssekretær Peter Browne, men tillige professorerne David, "Forchammer and Oersted" (1843 p. 173). De to sidste navne må henvise til geologen Johan Georg Forchammer (1794-1865) og fysikeren H.C. Ørsted (1777-1851), der var kolleger på Polyteknisk Læreanstalt. Endvidere meddeles, at Alexanders offentlige skrivelse til befolkningerne i Holland og Danmark (1840) er oversat til dansk af professor David og trykt på hans foranstaltning. Endelig aftrykkes en skriftlig henvendelse til den danske konge (1843 pp. 186-187).

34. Jette D. Søllinge & Niels Thomsen: De Danske Aviser 1634-1989, Bd. 1: 1634-1847 (Odense 1987) s. 160-161.

35. J.F. Schouws Privatarkiv, RA. Arkiv nr. 6304, Lb.nr. 1.A.1.a. "Pugaard' " må være Oehlenschlägers ven, grosserer Hans Puggaard (1788-1866). Marstrands tegning er gengivet f.eks. i Rigmor Stampes bog s. 256 og hos Bernhard Jensen, anf.skr. s. 33. Om tegningens datering og om vanskelighederne ved at identificere personerne, se Rigmor Stampe (1912) s. 372-373 og Povl Eller: *Adam Oehlenschläger Portrætter* (1958) s. 102.

36. Om Grundtvigs bryllup den 12/8-1818, se Jens A.Nielsen: Grundtvig og Gisselfeld I, Gr.Stud. 1961, s. 46-50; Grundtvigs brev til Lise i anledning af sølvbryllupsdagen, se Gr.Stud. 1952 s. 56.

37. Hans Edvard Nørregård-Nielsen: *Gyldne Dage og mørke Nætter. Omkring Kongens Nytorv* (1994) s. 55-60.

38. Der henvises til de gældende forordninger af 15/5-1834 angående "Provindsialstændernes Indretning i Danmark og Hertugdømmerne", jf. *Collegial-Tidende* 27/5-1834.

39. Københavns biskop, Dr.theol. Jakob Peter Mynster (1775-1854) var medlem af Stænderforsamlingerne alle årene fra 1834 til 1845. Lensgreve Frederik Marcus Knuth til Knuthenborg (1813-1856) var medlem 1844-47. Henrik Frederik Prætorius (1783-1862), grosserer. Medlem 1842-44.

213

Major-titlen har sandsynligvis forbindelse med en funktion inden for Københavns borgervæbning.

40. Fasc. 448.23.c. I sidste linie er læsningen af "unpolitic" lidt usikker. Den valgte læsning er dog sandsynlig. Adjektivet "politic" kan betyde det samme som "judicious", dvs. forstandig, velovervejet, og "unpolitic" altså det modsatte.

41. BFASS arkiv, breve bd. C 21/97.

42. H.N. Clausen: Mindre Arbejder. Fædrelandske Forhold og Anliggender (1881) s. 577 med henvisning til Opt. s. 503-504, sml. Er. s. 199. I sin skildring af det teologiske fakultets historie i årene fra 1830 og fremefter kommer Leif Grane flere gange ind på forholdet mellem Clausen og Grundtvig. Grane konkluderer, at "Noget af den personlige bitterhed kunne efterhånden mildnes, men de teologiske modsætninger var stadig levende og kunne når som helst bryde frem" (s. 359-360). Clausens "bitterhed" retter sig imidlertid først og fremmest mod Grundtvigs eftersnakkere. Endvidere synes forholdet set fra Grundtvigs side at have udviklet sig noget mere positivt, end den citerede vurdering antyder.

43. Udførligst beskrevet af Kaj Thaning: Grundtvig og den grundlovgivende rigsforsamling (Gr.Stud. 1949). Se desuden Rønning IV,1 (1913) kap. IX; Poul Dam (1983) kap. IV-V; Pontoppidan-Thyssen og Thodberg (1983) s. 335-339; Abrahamovitz (2000) kap. 22. Grundtvigs nyorientering beskrives allerede i samtiden bl.a. af biskop J.P. Mynster: Meddelelser om mit Levnet (1854, 1884) s. 270.

44. N.F.S. Grundtvig og hans nærmeste Slægt under Treaarskrigen, udg. af Ingeborg Simesen (1933) s. 77.

45. David og Knuth er kendt fra tidligere. De øvrige medlemmer er: Grosserer Andreas Nikolaj Hansen (1798-1873), deputeret for København 1842, 1846 og 1848; Provst Ulrich Adolph Plesner (1782-1861), kongevalgt 1842, 1844 og 1846; Vinhandler Hans Peter Hansen (1797-1861), rådmand 1841-46, deputeret for København alle år fra 1835/36 til og med 1846. Rådmand Hansen har David kendt fra sin virksomhed i Københavns bystyre.

46. Benjamin Wolff (1790-1866), godsejer. Valgt som deputeret for sædegårdsejerne i 1844 og 1846. Kammerråd 1845. De tre nævnte videnskabsmænd er David, Schouw og Monrad. Sidstnævnte blev først udnævnt til sognepræst i Lolland-Falsters stift den 23/9-1846, jf. S.V. Wiberg: Almindelig Dansk Præstehistorie III (1871, optrykt 1960) s. 435.

47. Fattigdirektør Hans Hendrik Herforth (1793-1883), fra 1819 sekondløjtnant i Københavns borgerlige artillerikorps. Tidligere bogholder ved St. Croix Sukkerraffinaderi. Deputeret for København 1842 og 1846.

48. *Tidende for Forhandlingerne ved Provindsialstænderne for Nørrejylland* (forkortet: Stændertidende, Nørre-Jylland) 1846, Bd.II, Bilag XI, s. X. Om sagens behandling i de nørrejyske stænder henvises især til Hans Jensen II s. 610.

49. *Ny Collegial-Tidende* d 13/11-1847 s. 854. Overgang fra den tidligere betegnelse "Collegial-Tidende" og til et større format havde fundet sted i 1841.

50. "Unalleged satisfaction" er et ejendommeligt udtryk. Adjektivet "alleged" (tidligere: "alledged") har flere betydninger, hvoraf de to vigtigste skønnes at være: (a) *Positivt.* Bekræftet; eng. "affirmed", og (b) *Negativt.* Tvivlsomt, påstået; eng. doubtful, purported. I nærværende sammenhæng, hvor Scobles hensigt tydeligt nok er at rose komiteen, bør den negative betydning vælges. I kraft af det foranstillede "un-" fremkommer en dobbelt negation, dvs. et positivt udsagn. Altså her: utvivlsom, ikke påstået.

51. ASR 1847 p. 163. Udtrykket "the prime mover" refererer til Aristoteles og dennes tale om "en første bevæger", jf. K. Friis Johansen: Den europæiske filosofis historie, bd. 1 (1991), s. 407-408.

52. Fasc. 428.3. På dansk lyder brevet omtrent som følger: Min herre! Det er mig en ærefuld pligt at meddele Dem, at De, af Afrika-Instituttets Øverste Råd, er blevet foreslået som titulært medlem af dette selskab, efter at De er blevet udpeget af indstillingskomiteen. I tillid til Deres ædle holdning og prominente kundskaber håber instituttet, at De vil samarbejde med verdens storsindede mænd i den kristne indsats for at afskaffe slavehandelen

og slaveriet. Så snart Rådet har modtaget Deres tilslutning, vil man afgiftsfrit sende Dem Deres diplom. Modtag, min herre, forsikringen om vor høje agtelse, Generalsekretær, Hip. De Saint-Anthoine, Ridder af adskillige ordener.

53. Oplysningerne er fremskaffet af professor Marie-Alice Séférian, jf. brev af 6/3-2002.

54. Simesen s. 148, 164, 166 og 176.

55. Hans Peter Hansen (1797-1861), vinhandler og fra 1846 bankdirektør. Medlem af den rådgivende stænderforsamling i Roskilde 1834-46 (se note 45) og af den grundlovgivende rigsforsamling. Hans indlæg blev udførligt refereret i *Berlingske Tidende* den 15/12-1848.

56. *Rigsdagstidende* 1848, nr. 62, sp. 461-462. Forkortet gengivelse i *Berlingske Tidende* 15/12-1848.

57. *Rigsdagstidende* 1852, Folketinget, 3. session, sp. 4159-4170.

58. Om Jacob Christian Lindberg (1797-1857) se først og fremmest Baagø (1958).

59. G-I s. 316-317. Den giftige tåge over hovedstaden er formentlig koleraepidemien, der i disse måneder hærgede København. Om Grundtvigs depression i 1853 se f.eks. Rønning IV, 2 (1914) s. 75-80 og Hjalmar Helweg: N.F.S. Grundtvigs Sindssygdom (1918) s. 79-81.

60. Om *unitarerne*, se Englandsbreve s. 86, samt Grell (1992) s. 46-47. Om *metodisterne*, se Gr.Stud. 1952 s. 69 note 87. Sml. Christenhedens Syvstjerne (1955) s. 138-139 og Grundtvigs brev af 28/8-1843 til dronning Caroline Amalie, *Danskeren* V (1891) s. 217. Om *kvækerne*: Selv om Grundtvig under sine Englandsophold ikke har haft kontakt med disse, ser det dog ud til, at han i 1843 – muligvis tilskyndet af dronning Caroline Amalie – har forsøgt at træffe Elizabeth Fry, jf. *Danskeren* V (1891) s. 205.

61. Om Grundtvigs kendskab til engelsk, se Toldberg (1946) s. 42-45. Grundtvigs træghed med hensyn til at skrive breve på engelsk gjorde sig også gældende i sagen om udgivelse af angelsachsiske tekster, jf. Toldberg i *Orbis Litterarum* (1947) s. 303-304.

62. US V, 401. Om Grundtvigs møde med unitarer og filosofisk-radikale kredse i England og dette mødes betydning for det citerede udsagn, se Grell (1992) s. 47-48 og Allchin pp. 50-51.

63. Tyson & Highfield pp. 26-27; Davis p. 146. Walvin (1994 p. 97) karakteriserer den britiske abolitionist-bevægelse som "the most succesful of the great nineteenth-century pressure groups ... Its ambitions were fully achieved".

FORKORTELSER

I teksten er værker, som er anført i litteraturfortegnelsen, identificeret ved forfatterens efternavn. Andre anvendte forkortelser er følgende:

ASR – *Anti-Slavery Reporter*

BFASS – British and Foreign Anti-Slavery Society

Bibl. – Steen Johansen: Bibliografi

BK – Bjørn Kornerup

Breve – Grundtvig: Breve

DNB – *Dictionary of National Biography*

DQB – *Dictionary of Quaker Biography*

Fasc. – Fascikel, manuskriptenhed i Grundtvig-arkivet

GB – Gunni Busck, udg. af H. Bech

G-I – Grundtvig-Ingemann, brevveksling

GSkV – Grundtvigs skoleverden, udgave af Grundtvigs skoleskrifter

Gr.Stud. – *Grundtvig-Studier*

KhS – *Kirkehistoriske Samlinger*

KL – Grundtvig: *Kirkelige Leilighedstaler*

MM – Grundtvig: Mands Minde

ODS – *Ordbog over Det Danske Sprog*

Opt – H.N. Clausen: Optegnelser

PR – H.F. Rørdam: Peter Rørdam

PS – Grundtvig: *Poetiske Skrifter*

SfL – K.E. Bugge: *Skolen for livet*

Stændertidende – se ovenfor s. 119

Stændertidende, Nørre-Jylland – se note 48.

US – Grundtvig: *Udvalgte Skrifter*

VK 1817 – Grundtvig: Verdens Krøniken 1817

VV – Vækkelsesværket, dvs. Pontoppidan Thyssen (red.): Vækkelsernes frembrud osv.

LITTERATURLISTE

TEKSTER, UTRYKTE

I noterne er henvist til de benyttede utrykte tekster. Den langt overvejende del af dette materiale hidrører, som nævnt i selve fremstillingen, fra følgende tre arkiver:

N.F.S. Grundtvigs arkiv på Det Kongelige Bibliotek, Købehavn.

J.F. Schouws arkiv på Rigsarkivet, København.

British and Foreign Anti-Slavery Society's arkiv i Rhodes House Library, Oxford.

I nogle få tilfælde er tillige benyttet:

J.F. Schouws privatarkiv, Det Kongelige Biblioteks Håndskriftafdeling.

J.C.E. Nicolet: *Histoire de l'église française de Copenhague.* Den reformerte kirkes arkiv, Landsarkivet for Sjælland, Lolland-Falster og Bornholm, København.

Dictionary of Quaker Biography, Friends House Library, London.

Kay Larsen: *Dansk-vestindiske og guineiske Personalia og Data.* Ny kgl. Samling 3240 4°. Kgl. Bibliotek.

TEKSTER, TRYKTE

Alexander, G.W.: *Letters on the Slave-Trade and Emancipation* (London 1842).

– *Om den moralske Forpligtelse og det Hensigtsmæssige af strax og fuldstændigt at ophæve Slaveriet i de dansk-vestindiske Kolonier* (1843).

Braithwaite, John Bevan (red.): *Memoirs of Joseph John Gurney*, I-II (London 1854).

Bruun, T.C.: *Samlede Poetiske Skrifter*, bd. IV (1812).

Busck, Gunni. Et Levnedsløb i en Præstegaard, udg. af H. Bech, 2. udg. (1878).

Buxton, Thomas F.: *The African Slave Trade*, 2. udg. (1839).

Clausen, H.N.: *Om Kirketvang ved baptistiske Børns Daab* (1845).

– *Joakim Frederik Schouws offentlige Liv* (1856).

– *Optegnelser om mit Levneds og min Tids Historie* (1877).

– *Mindre Arbejder, Fædrelandske Forhold og Anliggender* (1881).

Clément, D.L.: *Notice sur l'église réformée française de Copenhague* (Copenhague, Paris & Strasbourg 1870).

Forordning om Neger-Handelen. Christiansborg Slot den 16de Martii 1792.

Fry, Elizabeth: *Memoirs of the Life of Elizabeth Fry with Extracts from her Journal and Letters. Ed. by two of her Daughters*, vol. II (London 1847).

Grundtvig, N.F.S.: *Breve fra og til* ... udg. af Georg Christensen og Stener Grundtvig, I-II (1924-26).

– Breve fra England til Dronning Karoline Amalie 1843, udg. af F.L. Grundtvig, i *Danskeren*, red. af Fr. Nygård og L. Schrøder V (1891).

– *Breve til hans Hustru under Englandsrejserne 1829-1831*, udg. af Stener Grundtvig m.fl. (1920).

– *N.F.S. Grundtvig og hans nærmeste Slægt under Treaarskrigen. En Brevveksling*, udg. af Ingeborg Simesen (1933).

– *Grundtvig og Ingemann. Brevvexling 1821-1859* (1882).

– *Christenhedens Syvstjerne* (1854/55), udg. af Th. Balslev (1955).

– *Danskeren, et Ugeblad*, I-IV (1848-51).

– *Kirkelige Leilighedstaler*, udg. af C.J. Brandt (1877).

– *Mands Minde 1788-1838*, udg. af Svend Grundtvig (1877).

– *Poetiske Skrifter*, ved Svend Grundtvig og Georg Christensen, I-IX (1880-1930).

– *Sang-Værk til Den danske Kirke* I-VI (1944-64).

– *Grundtvigs Skoleverden i tekster og udkast*, ved K.E. Bugge, bd. 1-2 (1968).

– *Udvalgte Skrifter*, ved Holger Begtrup, I-X (1904-09).

– *Vartovs-Prædikener 1839-1860*, ved Holger Begtrup (1924).

Gurney, J.J., se Braithwaite.

Johnson, R. Brimley: *Elizabeth Fry's Journeys on the Continent 1840-1841* (London 1931).

Kalkar, Chr. H.: Jean-Antoine Raffard, *Illustreret Tidende* 28/12-1862.

Malling, Ove: *Store og gode Handlinger af Danske, Norske og Holstenere* (1777).

Mynster, J.P.: *Meddelelser om mit Levnet* (1854, 2. oplag 1884).

Nicolet, J.C.E.: *Histoire* ... se Tekster, utrykte

Nielsen, Frederik: *Minder. Oplevelser og Iagttagelser* (Aalborg 1881).

Pram, Chr. H.: *Prolog til Skuespillet Negeren* (1791).

– *Udvalgte digteriske Arbeider*, bd. 1-5 (1824-29).

– *Prams Breve fra Vestindien og Nordamerica i Aarene 1820-2*, udg. af E. Nyerup.

– *Magazin for Rejseiagttagelser*, IV (1825).

Rørdam, Peter. *Blade af hans Levnedsbog og Brevvexling fra 1806 til 1844*, udg. af H.F. Rørdam, bd. 1-2 (1891-1892).

Saint-Anthoine, Hippolyte de: *Institut d'Afrique. But et moyen d'action* (udateret). Worcester College Library, Oxford.

Schouw, J.F.: Selvbiografi, i Carl Christensen: *Joachim Frederik Schouw* (1923), s. 3-11.

Shillitoe, Thomas: *Journal of the life, labours, and travels of Thomas Shillitoe, in the service of the gospel of Jesus Christ*, vols. I-II (London 1839).

Thaarup, Thomas: *Peters Bryllup*, 2. oplag (1819).

– *Høst-Gildet*, 4. oplag (1819).

Tode, Joh. Clemens: *Samlede danske poetiske Skrifter*, I-II (1793-1797).

Udtog af Forestillingen til Kongen, angaaende Negerhandelens Afskaffelse, meddelt af den til denne Sags Undersøgelse nedsatte Commissions Medlem, Hr. Secretaire Kirstein, *Minerva* (April 1792).

Oehlenschläger, Adam: *Poetiske Skrifter*, udg. af F.L. Liebenberg, bd. XX (1860).

Ørsted, A.S.: *Af mit Livs og min Tids Historie* (1851-57, genudg. 1951).

Barclay, Oliver: *Thomas Fowell Buxton and the Liberation of Slaves* (William Sessions,York 2001).

Bentzen, Grethe: *Debatten om det dansk-vestindiske negerslaveri*, magister-afhandling, Aarhus Universitet (1976).

Bugge, Henriette: *"Denne den unaturligste og uretfærdigste Trafique"*. *Paul Isert og slavehandelen*, EUROPA, Temahæfte udg. af Det økumeniske Fællesråd (København 1993).

Christensen, Torben: *Kirkehistoriske afhandlinger* (1981).

Davis, David Brian: *A Historical Guide to World Slavery* (Oxford University Press 1998).

Ekman, Ernst: *Sweden, the Slave Trade and Slavery, 1784-1847*, i Minchinton og Emmer (1976).

Eltis, David og James Walvin: *The Abolition of the Atlantic Slave Trade* (The University of Wisconsin Press 1981).

Fuglestad, Finn; Morten Løtveit og Anne Kathrine Eian: *Latin-Amerikas og Karibiens Historie* (Cappelen, Oslo 1994).

Green-Pedersen, Svend Erik: *The History of the Danish Negro Slave Trade 1733-1807*, i Minchinton og Emmer (1976).

– Dansk-vestindisk slavehandel og dens ophævelse, i *Festskrift til Kristof Glamann*, red. af Ole Feldbæk og Niels Thomsen (1983).

– *Danmarks ophævelse af negerslavehandelen*, Arkiv, bd. 3 (1970-71).

Hansen, Thorkild: *Slavernes Øer* (1970).

Hornby, Ove: *Kolonierne i Vestindien* (1980).

Jennings, Lawrence C.: *French Anti-Slavery. The Movement for the Abolition of Slavery in France* (Cambridge University Press 2000).

Loftin, Joseph Evans: *The Abolition of the Danish Atlantic Slave Trade* (Louisiana State University 1968).

Mannix, Daniel P. og Malcolm Cowley: *Black Cargoes. A History of the Atlantic Slave Trade 1518-1865* (Classic Penguin 2002).

Minchinton, E. og Pieter C. Emmer (red.): *La Traite des Noirs par l'Atlantique. Nouvelles Approches// The Atlantic Slave Trade. New Approaches* (Société Française d'Histoire d'Outre-Mer, Paris 1976).

Muir, Rory: Britiske interesser og den europæiske fredsproces 1813-1815, i *Danmark og Den dansende Wienerkongres* (Det Kongelige Sølvkammer, Christiansborg Slot 2002).

Nielsen, Per (red.): *Fra slaveri til frihed. Det dansk-vestindiske slavesamfund 1672-1848* (2001).

Pope-Hennessy, James: *Sins of the Fathers. The Atlantic Slave Trade 1441-1807* (Phoenix Press, London 2000).

Rawley, James: *The transatlantic slave trade* (Norton, N.Y. 1981).

Skrubbeltrang, Fridlev: *Dansk Vestindien 1848-1880* = bd. 3 (1967) af serien *Vore gamle Tropekolonier*, red. af Johannes Brøndsted (1952-53, genudg. 1966-67).

Temperley, Howard: *British antislavery 1833-1870* (Longman, London 1972 og University of South Carolina Press 1972).

Tyson, George F. og Arnold R. Highfield: *The Danish West Indian Slave Trade. Virgin Island Perspectives* (St. Croix 1994).

Walvin, James: *Slavery and the Slave Trade* (Macmillan, London 1983).

– *Slaves and slavery. The British colonial experience* (Manchester University Press 1992, 2. oplag i 1994).

– *Questioning Slavery* (Routledge, London & New York 1996, 2. oplag i 1997).

– *Making the Black Atlantic. Britain and the African Diaspora* (Cassell, London & New York 2000).

Vedde, Anna: *Kvækerne og deres Indsats i nyeste Tid* (1924).

Vibæk, Jens: *Dansk Vestindien 1755-1848* = bd. 2 (1966) af serien *Vore gamle Tropekolonier*, red. af Johannes Brøndsted (1952-453, genudg. 1966-67).

GRUNDTVIG OG HANS SAMTID

Abrahamovitz, Finn: *Grundtvig. Danmark til lykke. En biografi* (2000).

Allchin, A.M.: *N.F.S. Grundtvig. An Introduction to his Life and Work* (1997).

Andersen, Poul: *Grundtvig som Rigsdagsmand og andre Afhandlinger* (1940).

Bang, J.P.: *Grundtvig og England* (1932).

Banning, Knud: *Degnekristne* (1958).

Barfod, Fr.: *Dronning Karoline Amalie* (1884).

Baagø, Kaj: Grundtvig og den engelske Liberalisme, Gr.Stud. (1955).

– *Magister Jacob Christian Lindberg* (1958).

– *Vækkelse og Kirkeliv i København og Omegn* (1960) = bd. 1 i serien *Vækkelsernes Frembrud i Danmark i første Halvdel af det 19. Århundrede*, red. af A. Pontoppidan Thyssen.

Borchsenius, Otto: Grundtvig paa Vendepunktet i sit Liv, i *Fra Fyrrerne. Literære Skizzer*, Anden Række (1880).

Bredsdorff, Morten: Digteren Goldschmidt og Grundtvig, Gr.Stud. (1974).

Bugge, K.E.: *Skolen for livet. Studier over N.F.S. Grundtvigs pædagogiske tanker* (1965).

Christensen, Carl: *Joachim Frederik Schouw* (1923).

Dam, Poul: *Politikeren Grundtvig* (1983).

Damsholt, Tine: Elementer i Grundtvigs politiske tænkning, Gr.Stud. (1995).

Elberling, Victor: *Rigsdagens Medlemmer gennem 100 Aar*, I-III (1949-1950).

Eller, Povl: *Adam Oehlenschläger Portrætter* (1958).

– *N.F.S. Grundtvig Portrætter* (1962).

Fabricius, Jørgen: N.F.S. Grundtvigs breve til hans hustru under Englandsrejsen 1843, Gr.Stud. (1952).

Friediger, Marcus: *Jødernes Historie* (1934).

Grane, Leif: *Det teologiske Fakultet 1830-1925*, i Svend Ellehøj m.fl. (red.): *Københavns Universitet ved 500 års jubilæet*, bd. V (1980).

Grell, Helge: *England og Grundtvig* (1992).

– *Grundtvig og Oxforderne* (1995).

Heilesen, Henning: Et forslag til en grundtvigsk lærd skole 1832, Gr.Stud. (1972).

Helweg, Hjalmar: *N.F.S. Grundtvigs Sindssygdom* (1918).

Høirup, Henning og Steen Johansen: *Grundtvigs Erindringer og Erindringer om Grundtvig* (1948, 1983).

Janssen, Børge: *De reformerte i Danmark* (1922).

Jensen, Bernhard: *Den ædle danske Idyl* (1960).

Jensen, Hans: *De Danske Stænderforsamlingers Historie 1830-1848*, I (1930), II (1934).

Johansen, Steen: *Bibliografi over N.F.S. Grundtvigs Skrifter*, I-IV (1948-54).

– N.F.S. Grundtvigs bopæle (adresser) i København, Gr.Stud. (1963).

Jørgensen, Harald: *C.N. David*, I-II (1950).

– *Omsorgen for børn og unge i København gennem 250 år* (1970).

Kornerup, Bjørn: *To Kvæker-Besøg i Danmark i det 19. Aarhundrede, Kirkehistoriske Samlinger* 1951.

Lindhardt, P.G.: *Konfrontation* (1974).

Lundgreen-Nielsen, Flemming: *Det handlende ord: N.F.S. Grundtvigs digtning, litteraturkritik og poetik 1798-1819*, I-II (1980).

– *Grundtvig og danskhed*, i Ole Feldbæk (red.): *Dansk Identitetshistorie*, bd. 3 (1992).

– Grundtvig og guldalderens København, Gr.Stud. (1995).

Michelsen, William: *Tilblivelsen af Grundtvigs Historiesyn* (1954).

Møller, Erik: *Grundtvig som samtidshistoriker* (1950).

Neergaard, N.: *Under Junigrundloven*, I (1892).

Nicolle, Margaret: *William Allen. Quaker Friend of Lindfield 1770-1843* (Lindfield 2001).

Nielsen, Jens A.: Grundtvig og Gisselfeld, I, Gr.Stud. (1961).

Nørregård-Nielsen, Hans Edvard: *Gyldne Dage og mørke Nætter. Omkring Kongens Nytorv* (1994).

Nyholm, Asger: *Religion og Politik. En Monrad Studie* (1947).

Plum, Niels Munk: *Københavns Præstekonvent 1843-1943* (1943).

Rosendal, H.: *Dronning Karoline Amalie* (1915).

Rønning, Fr.: *N.F.S. Grundtvig*, I-IV (1907-1914).

Skovgaard-Petersen, Vagn: *Tiden 1814-1864*, i *Gyldendals Danmarkshistorie*, bd. 5 (1985).

Skovmand, Roar: Grundtvig og den første folkehøjskoles mænd, Gr.Stud. (1960).

– *Folkestyrets Fødsel 1830-1870*, i *Politikens Danmarkshistorie*, bd. 11 (1964).

Stampe, Rigmor: *Baronesse Stampes Erindringer om Thorvaldsen* (1912).

Thaning, Kaj: Grundtvig og den grundlovgivende rigsforsamling, Gr.Stud. (1949).

Thodberg, Christian og A. Pontoppidan Thyssen (red.): *Grundtvig og grundtvigianismen i nyt lys* (1983).

Thomsen, Ejnar: *Grundtvig og virkeligheden*, i *Digteren og Kaldet* (1957).

Toldberg, Helge: *Grundtvig som filolog* (1946).

– *Grundtvig og de engelske Antikvarer*, *Orbis Litterarum*, V (1947).

Wåhlin, Vagn: Grundtvig i politik op til 1830, Gr. Stud. (1994).